亚洲国家与地区传媒研究丛书
丛书总主编　段鹏

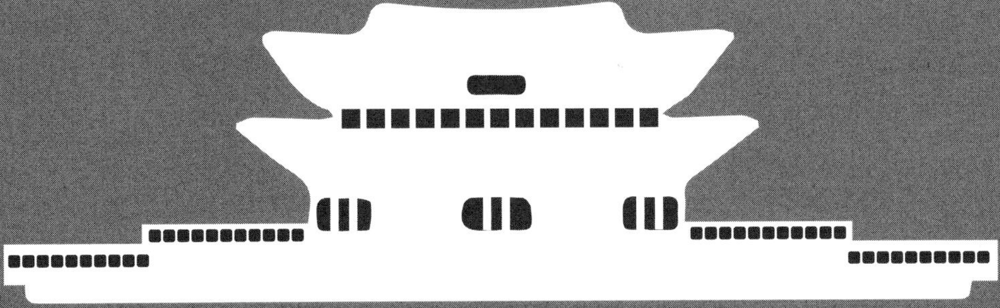

韩国大众传媒研究

政府主导型媒介产业发展的新范式

龙耘　赵春光　〔韩〕李承恩 ◎ 著

CUCP 中国传媒大学出版社
·北京·

目 录

目　　录

第一章　韩国大众传媒发展概述

韩国作为一个在政治体制上“形似西方，而神似东方”的亚洲国家，二战后在政治发展上经历了诸多变数，这种变化一直延续至今，譬如近几年的朴槿惠、李明博丑闻。今日今时的韩国政治始终摇摆在民主与威权之间，这与历史上韩国的政治发展及形成的政治习惯有密切联系，因此在研究韩国的传媒发展情况时就无法脱离其政治发展及媒介体制。本章从韩国大众传媒与社会、政治的关系入手，以回顾的方式将韩国传媒产业发展的宏观社会、政治及文化图景逐一展现，探析现有的国家主导型媒介产业发展模式的形成原因。同时，在此基础上分析相关政府职能机构是如何推动韩国媒介产业发展的，展现其在韩国传媒产业发展中的积极作用。

第一节　韩国大众传媒与社会的互动

信息、文化产品、技术以及各种资源在全球范围内的流动，使得传媒产业成为经济全球化的重要推动力，而韩国则是这一领域中的典范。韩国传媒产业发展经历了高速推进和向外扩散两个阶段，其中尤以韩剧的输出影响较为深远。然而近年来由于受到竞争格局的变化、内外部环境的调整以及审美疲态的出现等因素的影响,韩国媒体的发展整体进入相对平稳期。为了更好地建设和提升韩国经济、文化等综合实力,韩国政府通过多种方式重构传媒产业的竞争优势。除了不断推进传统的造船、电子和通信等产业的发展,文化产业成为韩国政府推进战略发展的新着力点。从“设计韩国”战略到“文化立国”方针,已经过去十多年,取得的效果相当显著,特别是对 ICT 等新兴产业的重视,使得韩国传媒业的整体发展走在了亚洲前列。

一、社会与权力体制对韩国大众传媒发展的决定作用

回顾韩国传媒产业的发展历史,“与社会的互动”是研究其发展不应回避的一个方面。按照詹姆斯·卡伦和朴明珍的分类,韩国是一个威权新自由主义社会。[①] 自摆脱殖民统治以来,韩国政府权力在其政治和经济发展中一直处于主导地位。从 1948 年第一届政府开始,强人政治和军事政变将国家权力一步步推向了顶峰。同时,南北分离导致的紧张和冲突,更为韩国早期的军人独裁统治找到了合理化的理由。在韩国早期军人政治时期,经济建设成为国家运转的核心内容。同时,源于屈辱的殖民历史记忆和半岛国家的国民性格,整个韩国社会被一股经济发展的热情调动了起来,这也为军人政治找到了合法性。在这一社会环境中,民主被当成经济发展的阻碍因素,任何政治和文化诉求都被抑制,甚至是遭到血腥的镇压。而以牺牲政治和文化为代价的经济发展所导致的结果是,韩

① 卡伦,朴明珍.去西方化媒介研究[M].卢家银,等译.北京:清华大学出版社,2011:140-156.

国经济在很长一段时间内由出口依赖型模式支撑，其弊端在韩国之后的发展过程中逐渐显露了出来。这一时期的韩国政府对媒体的控制是全面而严苛的，乃至出现了随意操控和摆布媒体的情况。传媒在威权政治的威逼利诱之下，渐渐淡化了“看门狗”的角色，开始与政治权力合谋。因此，韩国媒体更多时候是在充当政府的代理人。同时媒介领域的垄断资本也被培育了起来，资本权力在传媒发展中逐渐拥有更强的话语权。

20 世纪 80 年代末至 90 年代初，在民主声浪的不断逼迫下，韩国政治才开始逐渐民主化。然而，这种民主化与西方的民主化还是有区别的。尽管韩美的同盟关系让韩国深受美国式民主的影响，但是在很多情况下，韩国政治架构不过是借用了西方民主政治的躯壳，儒家思想传统仍然是决定韩国社会政治和经济的主导因素。这尤其表现在政府的家长式作风上，这种家长式作风的余绪依然存在，影响到韩国媒介产业的发展。

从历史上看，由于地理原因，韩国国内的资源和市场相对有限。他们亟须向外扩张以打通自身的生存空间，外向型经济因此成为主要的经济模式并在技术领域迅猛发展。同时，由于本国的企业处于相对弱势，开拓全球市场需要依靠强大的政治力量和坚实的经济力量，本土企业自然而然便和国家力量黏合在了一起，并取得了巨大成功，这也使得韩国媒体在某种程度上成了政府权力的附庸。与韩国企业的情况类似，韩国政府一贯控制着媒体，处于媒介产业发展的主导地位。近些年韩国政府对媒介产业的控制逐渐弱化，而之前被政府极力培养的垄断资本则在韩国日趋猖獗，影响到韩国政治和经济诸多方面，尤其是传媒产业领域。因此，在韩国，权力和资本是影响媒介产业的两个主要因素，而政府权力更是处于第一位的因素。

由国家力量培养起来的媒介垄断资本在政治上趋于保守，这造成了媒介内容表面繁荣、内核单一的情况。“在韩国媒介尤其是广播电视媒介的社会影响中，有一种影响可称为文化的同化或标准化。韩国的广播电视业由为数极少的全国性网络组成，这使韩国人很难发展多样化的地区文化和阶层文化。围绕着收视率展开的激烈竞争以及各个频道欠缺自身特点的现实，使各台的节目高度同质化，这又导致了文化在整体上的同化。”①

二、大众传媒在推动韩国社会民主化、现代化中的作用

在韩国的现代化进程中，大众传媒的推动作用不可忽视。随着韩国城市化比率的提高，国民受教育程度不断提升，80%的韩国人生活在城市里。1996 年，韩国每 10 万人中大学生人数为 3418 人，居世界第一位。韩国社会生活发生了巨大变化，实现了由传统农业文明向现代工业文明的整体转型。目前整个社会的信息化程度在世界名列前茅。这些变化为大众传媒的普及提供了前提条件和生存土壤。同时，现代传媒的发展也为韩国民众带来了众多参与社会文化和政治的机会，社会舆论日渐活跃。

（一）传承文化和促进半岛统一

朴正熙在 1970 年的“新闻日”贺词中要求新闻机构成为“社会教育的担当者”，以完成“统一大业”。韩国政府文化公报部长官在 1974 年“新闻日”贺词中再次确认“启发群众、引导国家发展是新闻最重要的职能”。韩国大众传媒所作的贡献十分突出。20 世纪 70 年代，举国上下开展了“新

① 卡伦，朴明珍.去西方化媒介研究[M].卢家银，等译.北京：清华大学出版社，2011：149.

村运动”，韩国广播电台采用移动广播的方式，以农村为对象进行集体听广播活动，组织农家讨论广播小组，在“人的革命”中熏陶和提升民众的民族意识；在“新生活运动”时，大众传媒配合城市支援农村的社会实践，取得了非常好的传播效果。1972 年首尔大学设立韩国广播通信学院，进行广播教育。大众传媒在为现代化做出努力的同时，也为弘扬和保护传统文化发力。近年来，韩国大众文化成为社会生活领域中引人注目的部分，影响波及中国内地及港澳台地区、东南亚各国乃至日本。而韩国的电视剧是“韩流”风靡的头等功臣。大众文化的发展与社会生活的现代化密切相关，突出特点是以现代传媒为载体进行传播。大众文化的瞬息万变、超越时空、批量生产等特性都是现代传媒所赋予的。韩国的大众文化直接诉诸人们的日常生活和世俗人生，以工业社会和现代都市为背景，同时它也以大众传播媒介为物质依托，以市场规律的支配和制约为基础，极大地满足了大众的文化消费需求。目前，文化信息产业已经成为韩国经济的重要组成部分，大众传媒的推动作用功不可没。

一般来说，受儒家文化影响的国家通常具有浓重的“家国情怀”，“家国同构”的文化观在社会伦理体系中具有主导作用。韩国的大众传播对伦理文化的整合体现在社会生活的方方面面，尤其在“为民族的统一”的“鼓”与“呼”方面，大众传媒起到了桥梁和纽带的作用。为了实现民族统一这个最深沉的夙愿，早在 20 世纪 70 年代，韩国的电视台就报道了在平壤、首尔举行的南北红十字会会谈，以及南北协调委员会会议等具有全球影响的新闻事件。其中最具代表性的事件是 1983 年一次持续 8 天共 65 小时的马拉松式电视报道。其间韩国广播公司为因战争而分离的人们充当媒介，帮助他们找寻亲人的下落。节目最后一集时，寻亲者轮流登场，每人在镜头前停留15秒，字幕呈现本人姓名及被寻找人的信息，同时，失散的亲人通过专线与演播室联系。当时，许多观众被感动，节目的影响波及全世界，成为“韩国最受欢迎的电视节目”。在持续4个多月的“寻找离散家属”现场特别报道中，9家地方电视台与韩国广播公司总部合作提升节目的交互性，并且通过洛杉矶、纽约和法兰克福实现了全球连通。这一事件报道的收视率高达78%，是当时韩国电视史上的最高纪录。有100 952名离散家属申请播映，其中10 189人得以重逢——这一结果使得这次“寻找离散家属”电视特别报道的性质从媒介事件升华为一次具有深远历史影响的社会运动，其意义也发生了质的转变。事件不仅仅是对战争带来痛苦的反思，更重要的是传递了韩国所有因战争而离散的家庭获得团聚的可能性，因此也被看成是“一次全国性治愈仪式”。1983年7月5日至1984年1月31日，《韩国日报》进行7个月“寻找离散家属号外发行”报道，在社会上产生了很大影响。2000年6月，分裂了近半个世纪之久的民族终于迎来了南北首脑最高级会晤，高层对话拉开了和平、统一进程的序幕。这个过程中，韩国的大众传播事业为半岛的和平统一立下了汗马功劳。

（二）推动社会现代意识的发展和进化

在韩国的社会发展过程中，大众传媒与社会的良性互动还突出地表现在由民族意识到民主意识的转变上。韩国的大众传播媒介推动了社会现代意识的发展和进步思想的传播。我们知道，民族意识和民主意识是现代意识的重要组成部分。韩国由传统农业社会向现代工业化国家的发展，推动了韩国大众传播的兴起和发展。从韩国复兴至今，在推动韩国民众的民族意识发展和现代民主意识的觉醒中，韩国传媒业有过多次可以写入史册的表现。

有韩国学者认为，在韩国社会的变革时期，推动现代化发展的核心力量一方面是国家和大企业的结合；另一方面则是舆论、大学、知识分子和学生相结合的社会运动。这种形式的社会舆论运动聚集50余年来威权主义和工业化在政治、社会经济以及文化方面造成的后果，不断挑战着国家权力，它的作用是纠正不平等现象、限制权力滥用。社会学界把上述两大核心力量简称为“产业化力量”和“民主化力量”。尽管它们之间经常处在矛盾冲突和紧张状态，但最终取得了互补和互动的效果。在某种意义上，大众传媒为这种紧张关系提供了演练平台，正是这种内在张力让韩国采用了一种循序渐进的民主化模式。

从20世纪60年代开始，韩国的经济进入持续发展阶段，韩国传媒自身的产业化性质不断表现出来，经济实力逐渐增强。由于军人政权的高压政策和新闻限制政策，韩国传媒的声音和参与政治的行为受到遏制。即使在这样的情况下，新闻界还努力地为民主“鼓”与“呼”。在李承晚政权晚期，《东亚日报》与李承晚之间多次发生冲突，这导致《东亚日报》被迫停刊；在1960年争取民主斗争中，韩国报业揭竿而起，将学生的抗议活动变成了广泛的群众运动，在“倒李运动”中发挥了重要作用；1974年，《东亚日报》记者发表《自由实践文人宣言》，文章在社会上引起强烈反响，民众提出保障言论、出版、结社及信仰、思想自由的要求，反对政治专制和独裁。韩国民众认为，报纸代表了被政府压制的知识分子的声音，人们应给予它极大的支持。1985年，美国密苏里大学新闻学院授予了《东亚日报》名誉会长金相万“言论功劳奖章”，对该报的勇气和精神给予肯定。

1987年春，在韩国大规模的群众运动中，韩国媒体再次成为重要的参与力量和推动力量。1987 年 3 月 6 日，韩国《中央日报》《东亚日报》《韩国日报》等许多报社记者在采访集会或示威游行现场时被警察阻拦，遭受警察的暴力对待。因此，《首尔新闻》等全国 26 家报社发表宣言，要求维护言论自由，释放被捕的新闻界人士。在强大的舆论压力下，总统卢泰愚发表了《八点民主化宣言》，让新闻界和广大民众获得言论自由。当威权主义的政治力量造成社会发展严重失衡时，传媒的声音可以沟通与协调社会关系，传播现代社会公民所需要的现代意识和现代观念。至此，韩国现代传播媒介真正成为社会的“监督者”和“协调者”。

有西方学者认为，韩国的新闻工作者大多支持符合民族主义原则的新闻文本和媒体社会实践，所以韩国传媒很难批评自己的国家。韩国媒介的集体主义倾向更为明显，尤其在面对外部世界时，有时难免表现得情绪化。因此，这客观上也造成了民众在民族尊严问题上的激进和不宽容。有美国观察家认为，韩国人自认是一个大家庭，他们在有争议的问题上力求寻找共识，人们在不同的报纸上常常看到相同的内容。[①] 所以，对于韩国新闻传媒领域的专业表现，我们还要进行客观的、辩证的分析。首尔大学言论情报研究所朴承宽教授认为，韩国新闻业成为国家控制社会体系中的一个重要分支，新闻业的自治得到巩固，同时成为韩国政治民主化的重要参与力量，甚至可以介入和影响国家最高领导人的产生，对国家具有强大的牵制力。但他提醒韩国的传媒，政治的民主化并不意味着社会的民主化，为谋求韩国社会市民民主主义[②]的发展，真正实现社会的民主

---

① 郭镇之.跨文化交流与研究：韩国的文化与传播[M].北京：北京广播学院出版社，2004：224.

② 市民民主主义：强调以发展市民社会，保障民主权利服务于市民阶层的一种民主制度理念，认为“没有市民的民主主义”会导致民主政治的崩溃。

化,新闻业本身的权力需要监督和限制。①

韩国的传媒界见证和推动了社会的进步,同时也在改革和创新中推动着自身的发展。2004 年,韩国传媒领域掀起的"言论改革",涉及言论的多元化表达、摒除全国性报纸的舆论垄断和鼓励地方媒体发展等多个问题。韩国现代的民主政治与法制社会为传媒提供了一个竞争性的、舆论相对自由的社会环境。在这样的环境中,某一个政治力量或经济利益集团无法对大众传媒进行独断式操控,大众传媒往往成为各种政治与经济力量共同争夺与使用的工具。正是这种多元的竞争格局,使得某个党派的政治家或经济利益集团不能彻底控制、垄断大众传媒。换言之,各种政治经济力量利用大众传媒所能实现的目的越来越有限。多元的社会格局与大众传媒形成了紧密的联系,从某种意义上说,传媒的发展路径和发展模式取决于它生存于什么样的社会政治环境中。韩国传媒的体制变迁集中体现了社会进步与传媒变革的互动历程。

第二节 政府主导下的韩国大众传媒发展及传播

"韩流"之所以一度席卷亚洲乃至世界并影响巨大,可以说首先得益于韩国拥有的强劲有力、健康完善的大众传媒生产体制。与其他发达资本主义国家通行的自由主义媒介市场体系不同,韩国大众传媒的发展壮大与政府在媒介生产传播体系中的主导地位密不可分。1998 年,金大中政府对韩国的发展战略进行了大刀阔斧的改革,将文化产业定位为"21

① 朴承宽,张庆燮.韩国的政治变动与新闻业权力[M]//郭镇之.跨文化交流与研究:韩国的文化与传播.北京:北京广播学院出版社,2004:265-272.

世纪最重要的产业”，认为是最适合韩国未来经济发展的新型产业，正式提出“文化立国”方针，先后制定《文化产业发展五年计划》《文化产业前景21》《文化产业发展推进计划》，明确提出了文化产业发展战略，还制定了《文化产业促进法》等一系列相关法律，成立游戏产业振兴中心、文化产业振兴院，设立“文化产业基金”，增加文化经费预算，迅速出台扶持、优惠、减税等政策，并负责一些基础设施的建设。1998 年韩国成立了文化产业局，随后制定了《文化产业振兴基本法》，并加大了预算投入。[①] 在文化产业的发展过程中，政府干预的重点着眼于对相关基础设施的开发。政府主要是为有创造力的企业和部门提供发展的平台，以推动文化产业的整体发展。由于文化产业包含的种类多种多样，政府不可能平均对待每一类别，因此在制订发展战略时要有所侧重。[②]

韩国文化产业的范围包括影视、音乐、录像、光盘、游戏、出版、印刷、期刊、广告、动画、互联网等。这些产业多数都与大众传媒相关。韩国政府认为，文化产业在经济发展中占据着非常重要的位置。文化产业是投入少、产品附加值高的产业。文化产业范围内的各产业相互联结，在上述产业范畴内的任何一类里取得成功，其“波及效果”会带动其他类别的产

---

① JEONG, HEON-IL. Analysis of incentive and regulatory systems of basic law for cultural industry promotion[J].Journal of cultural policy,2007(18):125-144.
정헌일. 문화산업진흥기본법의 유인 및 규제체계 분석. 문화정책논총,2007(18):125-144.

② CHOI YOUNG-HWA. The Korean wave policy as a corporate-state project of lee government: the analysis of structures and strategies based on the strategic-relational approach[J]. Economy and society,2013(97):252-285.
최영화. 이명박 정부의 기업국가 프로젝트로서 한류정책 [J] . 경제와사회,2013(97):252-285.
金大中总统还强调说政府愿意只支援文化产业，不干涉其他产业。

业。文化产业的附加值和生产效率等比制造业和服务业要高得多。放眼世界市场,文化产业内的很多行业的规模超过了制造业,特别是“文化商品形象”产业和广电产业的规模比半导体产业还大,动画产业也比造船业规模大。文化产业的雇佣效果也很好,是高学历持有者和青年人喜欢的工作领域。

2005年5月1日,韩国成为世界上第一个将数字卫星多媒体广播(DMB)应用于商业运营的国家,号称要引领“掌上电视”时代,三大广播公司是其内容提供商。同时,这一技术的运营商TU媒体已经实现民营化。[①]韩国政府在推动接收终端、提高技术含量,使网络民营化以及鼓励传统媒体的内容制作优势的跨业融合方面的努力由此可见一斑。上述做法不但吸引了大量民营资本进入新媒体领域,同时构成了提升文化产业的重要战略布局,为电影、电视、广告等带来新的发展机遇。

2010年以后,媒介融合趋势逐渐加强,在韩国,三大广播公司主导的广电市场迎来新的挑战。报纸、广电和通信三网融合的媒体产业成为市场的主角。针对这一趋势,韩国政府采取的措施集中在如下三点。

一、机构调整先行,适应三网融合趋势

为适应全球范围内的三网融合趋势,拓宽媒体发展渠道,2008年2月29日韩国政府对通信业及广播电视行业的现有管制框架进行了重大调整,成立韩国广播通信委员会,而原有的信息通信部和广播委员会则宣

---

① KIM G J. A study on positioning of digital media[J]. Journal of cybercommunication academic society,2009,26(2):39-84.
김광재. 디지털 미디어의 포지셔닝에 관한 연구 [J] . 사이버커뮤니케이션학보,2009,26(2):39-84.

告解散。据韩国媒体报道，隶属于总统直接领导的广播通信委员会设立1名长官级别（相当于中国的部长）的常务委员长和4名次官级别的常务委员，并赋予他们很大的行政权限。盖洛普韩国公司前总裁崔时仲被任命为首任广播通信委员会常务委员长。广播通信委员会下设企划调整室、广播通信融合政策室、广播政策局、通信政策局、用户网络局等部门。

该机构功能类似于美国的联邦通信委员会（FCC）和英国的通信管理局（Ofcom）。韩国进行此次管制机构改革是为了改变韩国融合服务发展相对滞后的现状，并着手制定与媒介融合相关的法律和政策框架，从韩国文化体育观光部手中接过与广电相关的管制职能。韩国广播通信委员会的首要任务是对发展态势高涨的一系列宽带网络服务做出明确的管制规定，包括交互式网络电视 IPTV、移动数字电视、直播电视和视频点播等业务。为此，韩国广播通信委员会积极推动数字广播、三维立体节目广播、新一代移动数字电视的现场试验，并积极推进有关数字电视有条件接收系统（CAS）、交互式网络电视（IPTV2.0）的标准化工作。

二、进一步推进传媒产业数字化工作

对数字技术和新媒体的重视是韩国传媒产业发展的主题，韩国广播通信委员会提出的2010年业务计划报告，充分肯定了广播电视和通信服务行业的融合发展趋势，并要求积极扩大投资、开拓新市场，使其成为新的经济增长动力。报告提出通过落实三大协议事项，到2012年实现年均增长7.4%的目标。三大协议事项旨在扶持广播通信媒体产业、引领新网络时代和在广播通信领域确保全球领导能力。预计之后三年内可增加收益33万亿韩元，并为创造高端就业做出贡献。

韩国对媒体技术的重视和探索一直走在世界前列，2011 年，韩国政府决定在 2012 年以前推动智能电视的商业应用。韩国知识经济部表示，全球各大企业已经在智能电视领域展开了竞争，为尽快推动智能电视商业应用的发展，政府制定对策，包括研究、开发和改善有关法令、制度等举措。此外，从 2013 年起，韩国地面广播电视播出方式开始从模拟式全面转换为数字式，根据韩国政府在 2007 年国务会议审议并确定的“地面电视广播的数字转换和数字广播的应用相关特别法”，各地面广播电视公司截至 2012 年 12 月 31 日上午 4 点，应全部停止提供广播电视节目模拟信号的传送，改为传输数字信号。

2012 年，韩国广播通信委员会公布了“建设信息高速公路”的超宽向广播通信网构筑方案。根据方案，有线网络速度将达到 1Gbps，无线网络将提高到 10Gbps。截至 2012 年，韩国已更换了原有有线网络 60％的线路，并把相当一部分的有线电话转换为网络电话。到 2014 年，韩国无线宽带网络普及率为 106.5％，实现人手多台移动上网设备。通过超宽频双向广播通信网，用户不仅能够观看高清晰地面广播电视，还能进行电子商务交易。在 2013 年实现广播电视信号的全面数字化之后，人们能够通过移动设备观看比高清电视高出 16 倍画质的超高清晰电视。为此，韩国政府在 2013 年之前投入了 34 兆韩元，用于构筑超宽频双向广播通信网，形成全新的广播与通信融合发展局面。媒体间的竞争不单是纯粹的形态之争，更是内容与渠道并重的整合能力之争。

三、加强国际合作，推广韩国传媒事业

在全球化浪潮中，韩国媒体在政府的主导和支持下，凭借其成熟的媒

介制作技术和产品营销策略，逐渐打开了国际市场，特别是亚洲市场。2010 年 11 月，韩国三大企业集团之一、全球 500 强企业的 SK 集团，与中国成都市签署了战略合作协议，成都市成为 SK 集团中国西部业务的核心区，主要发展传媒创意内容产业。SK 集团将中国看作是 SK 集团全球化市场的中心，提出“十年内在中国再造一个 SK”的计划。SK 集团与成都市兴城投资有限公司签署了投资意向协议，拟投资 128 亿元打造世界级的媒体内容创作产业基地、三网融合示范产业基地、文化产业人才基地和传统现代文化融合基地。

此外，韩国媒体还积极寻求国际合作，如 2010 年韩国 MBC 与中国湖州广电传媒集团签约，通过加强在人才、节目、技术、产业等方面的交流合作，积极拓展有利于双方提升品牌和核心竞争力的优势项目，特别是文化产业的发展。韩国政府注重开拓海外市场，扶持国内的影像制作。韩国政府每年投入 4.7 亿韩元(2011 年数据)到国际广播电视样片市场(如美国电视节目展、法国戛纳国际电视节、中国上海电视节、中国北京电视节等)。通过影视产品的交换或输出，韩国确立了“文化输出国”的地位。“韩流”的形成和发展使得韩国的国际文化形象有了很大提升。

在经历了金大中和卢武铉两位总统与韩国保守派媒体的不愉快之后，李明博入驻青瓦台，这意味着韩国政治继续右转——李明博上台后立即撤换了很多进步阵营的媒体负责人，并努力取消媒体产业中对垄断资本的一些法律限制。[①] 2011 年经历欧债危机的巨大影响之后，韩国以政府为主导继续推动媒介产业领域的发展和变革。具体来说，包括以下三点。

(一)推进整体数字转换

建设广播支持中心以保证主要的广播电台完成 100% 的数字转换，并扩展数字广播的应用。模拟广播产品和传输设施被数字化，高清广播产品获得进一步的开发。不断增加高清广播内容在整体广播内容中的比率，推进高清广播的全面转化。

韩国政府还进一步支持贫困人口地区的数字化。低收入家庭在购买数字电视上得到援助，低收入家庭的电视天线得到维修及改善。为保证在全国范围内能接收高质量的数字广播，有关部门在全国 158 万户贫困人口和约 400 个岛屿区域展开了数字广播接收状况调查。老化的主干天线得到改善，卫星接收装置延伸到频谱无法覆盖到的区城，基本上覆盖了农村地区和偏远地区等信息接收能力较弱的边缘地带。同时，全国还安装了 150 个低功率中继器和 358 个主干天线电视，并且在 2011—2012 年间安装 26.2 万个卫星接收器。

为了推进全国范围数字电视的整体转换，政府专门成立了全国数字

---

① KIM PYUNG-SOO. Evaluating MB administration's cultural policy and GH administration's policy challenges[J].International journal of global culture,2013(2):19-33.
김평수. MB 정부의 문화정책 평가와 박근혜 정부의 정책 과제 [J] . 글로컬 창의 문화연구, 2013(2),19-33.
WON DO-YEON. Characteristics of Lee Myung-bak administration' s cultural policy and search for the timely change [J] . Humanities contents,2014(32):219-245.
원도연. 이명박 정부 이후 문화정책의 변화와 문화민주주의에 대한 연구 [J] . 인문콘텐츠,2014(32):219-245.

广播转换振兴总部和市政及省级数字广播转换支持中心。在 2011 年和 2012 年分别建立和运行 9 个市政级和 25 个省级支持中心。利用大众传媒和旅游交通，政府进一步增强全国数字电视转换的宣传，同时还对信息接触有困难的老年人和残疾人等群体进行面对面的公开宣传，力图创建一个全民共享的数字世界。

(二)激发市场竞争

2011 年之后，韩国政府进一步加速了广电产业的提升，激活新的广电服务，发展本国广电设备工业。新一代的广电设备市场通过发展新的 3D 电视技术、超高清电视、AT-DMB(Advanced Terrestrial-Digital Multimedia Broadcasting)和对该行业的技术转移来主导。政府倡导工业和学术研究部门联合进行技术开发，同时鼓励优先购买本国设备。为了保证广电设备的可靠性和稳定性，广电设备测试和认证中心的目标也进一步提升与扩展。

同时，政府还加强了 KBS 作为国家骨干广电系统的定位与角色。作为国家骨干广电系统，KBS 的公共服务进一步扩展，同时管理效率也不断提升。KBS 通过增加高质量的广播内容产品、覆盖数字广播的边缘地区并提供迅速准确的灾害报道等提供高质量的广播服务。另外，韩国还通过智能手机这一新媒介来提供教育节目，为小学生和中学生扩展教育内容，以大规模地削减私人教育经费。

为了积极有效地应对智能媒体时代，政府不断改革现有法律，使其与国际标准相符，加速建立包括 IPTV 法案的新《广播法》，为增强本国广播产业的竞争力和进入全球媒介企业市场打下基础。扩展服务区域，同时加速并购，放宽平台提供商和节目提供商联盟的管理限制，同时减轻对广播市场销售总额的限制，并且通过增加小众传播服务区域来保证经济规模，为新通信服务的扩展打下基础。

（三）拓展广告市场

伴随传播技术的发展，广告业新的增长模式已渐渐成型。广告业已从大众曝光型转换到了有效集中型。相应地，全球企业的新媒体广告也蒸蒸日上，使得广告具有了更强的针对性和有效性。在传统媒体增长处于停滞状态的背景下，新媒体则显示出强劲的增长趋势。谷歌和苹果这样的全球企业正在大规模进入广告市场，其业务已经从因特网扩展到移动和智能电视领域。在这样的大环境下，韩国的出口型产业模式若要保持发展的一贯性和竞争力，必然需要在政策层面给予大力支持。

韩国政府正在为间接广告和赞助通告（Sponsorship Notification）的管理松绑。对赞助商品商标显示和间接广告的管理也进一步放开，这对于广播电台和独立的生产公司而言是一种双赢的战略，并且也进一步增强了内容生产的能力。同时，为了扩大广告市场，通过与有关方面协调，韩国还将放松对禁播广告项目（如酒和医疗机构）的管制。

为了活跃广告市场，韩国政府还投资建立一批公共公司，同私营的广告服务公司展开竞争，为卖方市场引入竞争机制，有效激发广告服务业的活力，提高韩国本土广告企业的市场竞争力。在广告费、销售手段和服务费用补偿系统等方面，整个广告市场的市场机制被进一步激活，提高了广告代理市场的效率。此外，韩国政府还调动各方面的资源积极扶持小规模的广告业务。

为有效回应智能媒体时代的要求，韩国政府致力于建立智能广告业的生态系统。在这样一个系统中，广播业、通信业和广告业能够有效地互动并合作，利用生产设备的相互支持和人力资源来发展数字创意产业。为了有效连接企业和消费者，广告系统将进一步标准化，智能电视广告系统将得到大力发展，广告产品的格式和规格将被进一步改进。另外，依靠数字技术，韩国还将建立一套效果测量系统以测试数字广告的效果。除此之外，在法律层面上，韩国也开始重视保障广告用户对其私人信息的控制，使其与用户建立起充分的信任，以拓展并增强广告市场的规模与活力。

第三节　相关政府机构职能概述

一、文化体育观光部

文化产业是韩国的三大支柱产业之一。韩国政府对文化产业极为重视，认为它能体现一个国家的综合开发及设计能力。因此，韩国政府把发展文化产业上升为国家行为。目前，韩国政府的文化体育观光部是推动和管理文化产业发展的主要政府部门，其前身是1948年大韩民国政府诞生时成立的公报处及文教部所属的文化局。1994年文化体育观光部首次设立的“文化产业局”是主管文化产业的政府职能部门。1999年，文化体育观光部、产业资源部、信息通信部通力合作，分别建立了各自下属的“游戏综合支援中心”(主管政策、规划等)、“游戏技术开发支援中心”(主管游戏产业园区建设和管理)、“游戏技术开发中心”(主管游戏产业技术开发)。2004年，文化体育观光部为了推进实现“多元文化社会和充满活力的文化国家”的新文化政策，将文化产业局分割为文化产业局和文化媒体局，以增强文化艺术教育功能。文化媒体局下设文化媒体产业振兴科、广播广告科和出版产业科，主要进行媒体产业相关政策的开发。这些政策既涉及内容渠道，又与国民生活密切相关。同时，这些机构还推进媒体教育、由广播通信兼容引发的新媒体政策需求和移动电话、互联网等与新媒体内容技术相关的支援事业业务。此外，为从宏观上理顺国家队文化产业的总体规划、政策实施和事务管理的一体化运作，它们还为文化产业的管理体制、机构建设提供制度保证。①

时任文化体育观光部文化产业局局长的李普京曾对韩国文化战略做出总结，认为就韩国的文化产业发展而言，政府主要关注的是法律制度建设、国家及社会的认识、创造性的内容开发、专门人才的培养、搞活投资与流通体系、地区文化产业发展以及进入外国市场。正是在这样的背景下，韩国出台了新的法律政策，推动媒体节目制作业的社会化发展，推动电视节目的海外推广，鼓励媒体的多元化经营。广告业也走向了开放，并且允许民营资本进入新媒体领域。这一系列的政策取向势必引发传媒领域的重新洗牌，也带来了传媒业市场结构调整和体制创新。管理体制势必走向间接管理方式，主要以经济手段和产业政策为主。

同时，韩国政府还强调将政策工具充分运用到对新技术、新产业形态的开发与运用上，朴槿惠在 2013 年上任伊始提出“创造经济”的思路，强调将“韩流”与工厂这两项韩国的强项结合起来。这一思路并未随着韩国高层政治的动荡而改变，以游戏产业为例，文化体育观光部在 2019 年提

① YIM H. The development of cultural policy studies in Korea：1998—2007[J]. Journal of cultural policy，2009(21)：25-48.
임학순. 우리나라 문화정책 연구 경향 분석：1998—2007 [J]. 문화정책논총，2009(21)：25-48.

交给文在寅政府的游戏行业发展计划中，提出投入 300 亿韩元的预算用于游戏产业，而 2020 年的预算数字则在 2019 年基础上提升了 112 亿韩元。

二、文化产业振兴院

为了加速本国文化产业的升级，实现走出去的战略，韩国政府还设立了“文化产业振兴院”，为本土文化企业提供人力和智力支持。如果说 20 世纪韩国的支柱产业是重工业和半导体产业，那么文化信息就是 21 世纪引导韩国经济增长的国家支柱产业。

正是根据这种时代要求，韩国文化产业振兴院（Korea Creative Contents Agency，KOCCA）于 2001 年 8 月 24 日在韩国首尔现代梦幻大厦正式成立。它是隶属于韩国文化体育观光部的委托执行型准政府机构，由之前的韩国文化内容振兴院、韩国广播影像产业振兴院、韩国电影振兴委员会、韩国游戏产业振兴院等 35 个机构合并而成，旨在加强信息交流，将分散的组织集约化、规模化，提高业务效率。韩国文化产业振兴院是支援和促进文化产业发展的综合机构，政府在政策制定、执行、财政支援、人才培养等各方面给予支持，进而全面提高韩国文化产业的国际竞争力。韩国文化产业振兴院主要针对游戏、电影、广播影像、动画等多个领域进行综合性的部署、管理和支援。

该院是在扩大改编已有的文化产业支援中心的基础上建成的，作为支援和培育文化信息产业的综合机构，它承担着开发优秀文化信息及应用技术、支援销售、制定政策、培养人才等任务。该院成立的主要目的是全方位地支援文化产业，即从资金、信息等各方面给予具有创意及高新技术的文化信息风险企业综合支持，提高和加强文化产业的国际竞争力，为使韩国成为21世纪的文化强国做出贡献。①

韩国文化产业振兴院第一任院长为原韩国三星电子媒体信息部的理事徐炳文先生，目前该院由3个部门组成。

(1)产业支援总部：该部门主要负责支援优秀文化信息内容的制作、开拓海外市场、培养专业人才等方面的业务，提供包括设施和器材的租赁服务在内的创业和振兴服务。

(2)文化信息开发总部：开发产品组——支援文化信息产品的开发、企划及战略发掘，构筑韩国文化原形资料库并开发应用文化信息；开发支援组——支援文化信息产业的应用技术开发，为技术及开发成果发放许可证并进行管理。

(3)事务局：经营企划组——向总务、会计、人事、国外办事处、入驻企业提供支援；技术信息组——管理公用设备，运营信息资料室网站。

该院的主要工作范围：第一是把音乐、动画、卡通造型、漫画出版等与

---

① PARK K-K. The policy direction of promoting cultural industry in Korea: focusing on the role of the ministry of culture, sports, and tourism[J]. Journal of Korea culture industry, 2008,8(1):67-81.

박광국. 한국문화산업의 정책방향 [J]. 문화산업연구,2008, 8(1): 67-81.

PARK J. Directions and assignments for the promotion of the cultural contents industries in Korea [J]. Gyeonggi Research Institute (GRI) review,2005,7(2):9-21.

박조원. 한국 문화콘텐츠 산업 육성의 방향과 과제 [J]. 경기논단,2005,7(2):9-21.

KIM K H. A study on the formation and changes of the cultural industry policies [J]. Journal of culture contents,2012(2):31-68.

김기현. 문화산업 정책의 변동에 관한 소고 [J]. 문화콘텐츠연구, 2012(2):31-68.

KONG Y. Cultural policies of cultural industries in the multimedia age [J]. Journal of cultural policy,1994(6):253-277.

공용배. 멀티미디어 시대의 문화산업의 문화정책 [J]. 문화정책논총,1994(6):253-277.

文化产业有关的企业集中起来，以期达到最佳合作效果；第二是以低廉的价格提供文化信息创作所必需的昂贵设备，为促进优秀文化信息的创作做出贡献；第三是建立信息资料室和媒体资料室(建设该院网站及局域网并投入使用)以提供国内外尖端技术、产品及海外市场信息；第四是为促进韩国文化信息的出口，帮助企业参加重要的国际展览会，进入海外市场建立联络站并提供服务；第五是鼓励创作，并为优秀的文化艺术产品的创作提供资金。

文化产业振兴院的另一个重要功能是培养专业人才。韩国文化产业振兴院的人才培养方案主要包括相关专业进修课程的设置、文化产业策划、创作的交流项目、国外优秀人才培训及交流项目等。以 2013 年的培养计划为例，韩国文化产业振兴院设立了 11.8 亿韩元的项目基金，对其下属的三个地方振兴院进行支援，邀请海外动画、电影、游戏、电视等不同领域的文化产业专家到地方文化产业振兴院进行专业人才培训。在电视剧创作方面，韩国文化产业振兴院选拔了 40 个国内电视领域优秀人才，为其提供包含内容策划、制作管理、市场运营等多方面的两年期综合培训课程，即“潜在人才培养”。韩国文化产业振兴院对文化产业潜在人才的培养，主要是指对专门学校和专业的智力支持、大学生创意人才开发、网络课程开设等，旨在对即将进入文化产业从事一线创意工作的学生和社会人员提供多方面的引导、激励和特殊教育，为其日后成为优秀的创意人才打下坚实的基础。例如，2013 年韩国文化产业振兴院曾投资 22.5 亿韩元对韩国若干所校企联合培养专业进行财政支援，促进高校教育和产业需求的有机结合，提高资源的合理配置，有效缓解了产业和专业创意人才间供需不平衡的状况。韩国文化产业振兴院每年会设立总额为 8.4 亿韩元的奖学金，作为文化产业创意人才培养基金分别投放给国内 10 所在文化产业人才培养方面具有竞争力的高校。同时，鼓励文化产业专业学生到海外深造，并为其提供相应的财政支援。韩国文化产业振兴院已对韩国的 81 所学校、65 个组织共 146 个机构提供财政支援，以及设备和政策支持。

在高校文化产业学科建设方面，文化产业振兴院起初仅限于资金支持，后来扩展到对教学用具、器材等硬件设备的支援，为韩国 23 所大学和 51 个项目提供设备支援。为了提高文化产业创新人才供给效率，韩国文化产业振兴院还建立了文化产业专门人才数据库，学界、企业、机关等 1000 多名专家登录人才库。

近些年，随着数字技术和信息技术的发展，文化产业各领域间的界限开始模糊。游戏、影视、动画、音乐等不同产业间的融合加速，智能手机等各种新媒介的登场对文化内容的形式提出新的挑战。智媒新环境下，传统的封闭式、单一化的内容制作模式已无法满足文化产业发展的需要。因此，2009 年韩国文化产业振兴院成立后，为适应新的媒体环境和市场需求，对文化产业人才培养政策做出了相应调整，一改以往不同产业领域间封闭、分割式的人才培养机制，将电影、电视、游戏、动画等产业合并管理。在人才培养模式上，通过加强不同产业领域间交流合作，着力培养跨产业、跨媒体、跨技术的复合型人才，以适应信息化时代下产业间界限模糊化和媒体多元化的需要。

三、放送通信审议委员会

韩国放送通信审议委员会，简称为“放通审议委”。放送通信审议委员会由9位委员组成。委员由总统推荐3位,国会议长推荐3位,国会常委会推荐3位,然后由总统统一聘任。放送通信审议委员须是在放送或通信领域具备丰富工作经验和阅历的民间人士。该机构的主要工作是有针对性地为韩国的媒介产业制定目标和中长期规划,并通过与各政府部门的协调配合来为本土企业提供全方位的支持。

该机构是由民间人士组成的国家机构,采取播出(电视节目)后审查的形式。审查内容包括两大类:一是观众投诉的内容,二是放送通信审议委员会自行监控的内容。韩国放送通信审议委员会追求审查的高效率和公正性以及独立性。事实上,韩国放送通信审议委员会的组建就是一个追求高效率的例子。韩国放送通信审议委员会的前身是韩国放送委员会和韩国信息通信审议委员会。随着放送与通信的融合发展,由于放送与信息通信领域审议政策之间存在矛盾和易混淆,2008年韩国放送委员会和韩国信息通信审议委员会合并为韩国放送通信审议委员会,对"以商业化为目的的娱乐节目""以追求收视率为主的刺激性电视剧""低品位时事对谈节目"等进行重点审查。关于委员会公正性和独立性,可以从人员的组成和预算的来源体现出来。例如,9位委员中既有执政党推荐的人选,也有在野党推荐的人选,并保持一定的比例。这就能够在政治层面上保障审查的公正性。另外,正如上文所述,放送通信审议委员会的委员由总统直接聘任,其预算也是直接由国会制定而不依赖政府。

韩国放送通信审议委员会的工作机制:9位委员是最高的决策层,其内部还设有秘书处、特别委员会、小委员会等部门协助9位委员的工作。其工作流程:首先由秘书处将观众提出的投诉以及监控内容形成议案,再由特别委员会对秘书处形成的议案提出是否违反相关规定,应给予什么样的制裁等方面的建议，之后由小委员会表决是否要采取“劝告”等行政指导，最后由9位审查委员表决是否采取“向观众公开道歉”等行政处分，以及是否通过放送通信审议委员会实施行政处分。委员会可依据《放送通信审议委员会构成及运营法律》制定与电视节目有关的规定。目前放送通信审议委员会制定并参照的相关规定包括《放送审议规定》《放送广告审议规定》《商品介绍及电视购物审议规定》《放送节目等级分类及表示规则》等。这些是按照相关法律，对电视节目和电视广告制定的相关审议规定。放送通信审议委员会对电视台进行教育培训（此处特指韩国媒介监督机构对行业主体的监督指导和业务培训），包括电视剧、综艺节目、科教类节目在内，都统一参照上述几项规定进行。

委员会按照《放送法》第100条的规定，对具有违规情节的电视节目依据《放送审议规定》进行审核。根据违规类型以及情节轻重，处以“注意”“警告”“对节目播出负责人或者广告播出负责人的惩戒”“对电视节目或电视广告的修改或终止”，以及缴纳“课惩金”等行政处分，或者进行“建议”“劝告”等行政指导。必要时在实施上述行政指导或行政处罚制裁的同时，按照《放送节目等级分类及表示规则》等相关规定，变更电视节目等级（比如将电视节目的等级从“12岁以上观众可观览”变更为“19岁以上观众可观览”）。受处理的电视节目须在7天之内，在其电视节目中播放放送通信审议委员会下达的处理结果全文。此外，如果电视节目受处理是由于出演节目人员所致，那么还要对出演节目人员给予“警告”“限制出演”等相应的惩罚。

四、政府主导型体制对韩国文化产业发展的积极作用

韩国以国家为主导的媒介体制有利于政府调动各种资源为文化产业

的发展提供便利。这些措施使得韩国的本土企业顺利地走向全球市场,尤其是近年来韩国流行文化在亚洲取得了巨大成功,就与韩国政府全面实施了“文化走出去”的战略密切相关。其主要的贡献可以概括为如下三点。

(一)增强市场活力

韩国政府通过调整影视剧和非影视剧的独立生产配额来增强内容生产能力,进而扩展小型非影视剧公司非影视剧影片再利用的基础。为了激发内容市场,提升广播节目的生产发行能力,减少对订阅广播电视业务的限制,韩国政府还进一步加强对内容生产的投资,开展对移动广播内容的投资基金管理。韩国政府利用韩国信息技术基金(KIF),广泛投资有前途的小型和中型的移动内容和移动广告风险企业,同时,建立公共及个人的广播内容投资基金以用于大规模地出口纪录片、3D 广播内容和融合内容。另外,韩国政府整合 App Store 服务,使其内容不受无线通信服务提供商和操作系统的制约,通过连接 WAC(Wholesale App Community)保证全球兼容性并为本国内容进入全球市场打下基础。

(二)增强生产的基础条件

一方面,韩国政府鼓励生产高质量的广播电视内容,如高端纪录片,并试图通过此举提升广播电视服务提供商的市场竞争力,保证以现有的方式支持广播电视服务提供商,并且支持以个人创意团队和广播电视服务提供商联合的方式生产节目内容。另一方面,挖掘节目制作领域的人力资源,同时激活广播电视服务提供商单独的节目生产能力以增加发展新演员和新编剧的机会。对广播电视生产人员进行专业化的培训,如编剧、节目导演、技术员、记者、配音演员和播音员。除此之外,政府还通过建立复合设施，为广播电视内容的规划、生产、传输、发布的整个链条提供一站式支持服务。

（三）进入海外市场

以影视剧和流行音乐为代表的韩国媒体文化产品不仅在亚洲广泛传播，其影响力还覆盖到了欧洲和南美洲的世界多个角落。开拓海外市场的背后离不开韩国政府推动、支持的政府间合作以及一系列相关的商业营销活动。“韩流”是伴随着 20 世纪 90 年代末韩国影视剧的出口而开始的文化输出现象。随着韩国偶像团体在海外演出机会的增多，韩国音乐和韩国影视剧愈加流行并开始影响全球的文化走向。因此，韩国文化的地位也逐渐被肯定。“韩流”的成功主要归因于韩国深厚而多元的思潮和文化。当今韩国的创造力和艺术性不仅能够通过音乐和影视剧传达出来，而且还表现在影视文化产业的其他方面，比如纪录片和娱乐节目。韩国定制了一系列可供全世界受众订阅、观看的广播电视频道，并支持其国内主流的大众传播渠道参与海外市场的竞争，如新闻、文化、娱乐和音乐频道，与此同时，设立提供韩语服务的海外广播站，以增强韩语频道在他国的影响力。一系列举措为韩国丰富精彩的音乐、影视作品扩大其全球影响力提供了便利。此外，还通过培训广播电视从业人员和支持本地节目播放权来增加外国人接触韩国文化的机会。为了帮助开发、制作更多高质量的内容，韩国放送委员会建立了一个额度达 9100 万美元的基金。2011 年，委员会在前独联体国家、拉丁美洲、中东和东欧总共举办了 4 次广播电视内容展示活动，以支持韩国广播电视内容开辟新市场。韩国主要的广播电视服务提供商，包括 KBS 媒体（KBS Media）、MBC、首尔广播公司内容中心（SBS Contents Hub）、EBS、Arirang TV 等，都参加了此类展示活动，这些媒体机构对韩国广播电视内容进入海外市场做出了重要贡献。同时，通过邀请人参观访问本地的国外广播电视机构，展示广播电视内容、商务会议和网络会议，韩国的文化传统被及时有效地传播。目前，韩国通信委员会陆续制定并颁布出台新的政策，鼓励内容跨越传统的广电边界，积极应用于各种智能设备，以迎接当下智能媒体发展的浪潮。

如今，韩国是少数几个好莱坞电影无法支配的本地市场之一。回顾韩国电视产业的历史，1999 年的《生死谍变》是一个拐点，它被认为是韩国第一部轰动性的好莱坞式大制作。韩国电影在韩国内外票房一直很高，本地电影票房占到了韩国电影本土市场总票房收入的 50%以上。技术、编剧、表演、市场和发行的质量都处于亚洲的前列，这使得韩国的电影院迎来了再度辉煌的时期。韩国的电影、导演和演员也已经得到了国际同行的认可，并获得了相当数量的奖项。此外，通过与好莱坞同行及影星合作的数百万美元的电影项目，许多韩国的出品公司已经成为全球化的大型企业。外国电影制片人积极寻找这些编剧和影星，韩国影星也渐次出现在好莱坞、中国和日本的影片中。韩国电影已经逐渐摆脱了全球电影产业格局中边缘化的地位，韩国从电影产品的输入国向有影响的输出国转变，并正在向着全球主流的电影业进军。

韩国在 1997 年遭受金融风暴重创后，痛定思痛，确立将文化产业作为 21 世纪国家发展的战略支柱，并在 1998 年正式提出“文化立国”方针。从韩国文化产业的发展轨迹看，政府的作用不可忽视。

当然，政府主导并不意味着对市场的过度干预。曾几何时，政府长期的过度干预，使企业产生了对政府的依赖，也导致市场规模的萎缩。这一缺点在亚洲金融风暴中暴露无遗。因此，经过一系列改革后的“政府主导”模式，立足围绕“小而高效的服务型政府”，以公共部门结构改革、行政运营系统改革和对民服务改革为主要内容，提高了政府职能与市场作用的兼容性。这十分符合文化产业发展特殊性的要求，尤其是在发展壮大时期，政府在公共政策、金融杠杆、基础设施建设上的积极作用能有效地为文化企业搭建良好的外部市场环境。上文提到的政府在市场活力、生产条件和海外市场这三方面的贡献也与“小而高效”的服务型政府理念分不开。

第二章 韩国媒介市场的维护与管理

媒介与政府的关系一向是政治传播学的研究焦点。总的来说，由于各国在政治体制、经济体制、文化传统、国际环境方面存在差异，各国媒介维护与管理体制也各有不同。其中，政治对大众传媒的影响是具有决定性和占据主导地位的。[①] 对于媒介产业来说，既要求实现经济效益，又要求实现社会效益，因此需要政府在其中有所作为。韩国媒介市场的维护与管理受到本国政治民主化进程、经济民主化进程、传统儒家文化等因素的影响。在经历了近半个世纪的军人政权之后，韩国的媒体产业走出了权威主义的束缚，目前更强调依靠社会力量调节媒介活动，借助文化立法、鼓励投融资和发挥社会民间机构、非政府组织作用等手段间接管理媒介市场。[②] 在对韩国媒介市场的维护与管理中，政府的引导作用是如何体现的呢？以下将从四个方面分节阐述。

---

① 刘华蓉.大众传媒与政治[M].北京：北京大学出版社，2001：前言 3.

② 郎劲松.韩国传媒体制创新[M].广州：南方日报出版社，2006：28-35.

第一节　建立与改善媒介市场环境

媒介生产作为一种经济活动，应遵循资源配置最优的市场规律。古典自由主义及新自由主义学派一向强调“看不见的手”，即市场机制的自发调节作用，肯定私人企业制度的优越性，反对政府对社会经济生活的干预，主张维持市场竞争等。然而，经济发展的历史证明：市场不是万能的。政府的积极干预是对“市场失灵”的矫正，即使是自由主义大本营——美国，也要出台《反垄断法》等金融法维护市场的有序运行；金融危机来临时，政府也要采取相应的救市措施。建立公平的市场环境也需要政府的介入与推动。

韩国的媒介产业是典型的政府主导型产业。在韩国媒介产业发展的过程中，政府起着至关重要的推动作用。政府是最先的倡导者，也是最有力的支持者。但是，政府并非大包大揽，而是注意运用市场经济的规律，调动企业作为市场主体的积极性。[①] 倘若过分强调政府的作用，政府“越界”，则极容易导致经营失败。正确处理政府和企业之间的关系，特别是把政府的推动因素放在合理的位置上，做到尽职而不越位，才能在选择主导产业、制定相关政策、推动产业发展上做出正确的决策。[②]

一、宏观政策的调整与保障

媒介产业隶属于文化产业，直接受到宏观文化产业政策的影响。目

---

① 熊忠辉．中韩电视剧产业的差异[J]．视听界，2014(3)：18-22.

② 李春虎，李钟洙．韩国文化产业化战略及其战略探析[M]//复旦大学韩国研究中心．韩国研究论丛：第三十辑．北京：社会科学文献出版社，2015：212.

前的韩国文化产业政策是伴随着韩国经济民主化以及两次金融危机风险诞生的，之后又经过逐步调整而最终确立下来。这个过程体现了政治对媒介市场运行机制的决定性作用和巨大影响。

李承晚、朴正熙、全斗焕、卢泰愚时期的政府都是军人执政，其执政合法性主要依靠经济持续发展带来的绩效合法性维持。按照赵鼎新对于合法性的论述，政权的合法性由意识形态、程序和政治绩效三个因素构成。[①] 国家合法性的三个来源各有特点，关键在于其在一个具体国家中的组合，以及一个具体组合在新的社会条件下改变的能力。时代变了，一个国家合法性来源的侧重也得随之改变。迫于韩国国内政治民主化的呼声渐高，政治绩效已经不足以支撑韩国军人政权的合法性。经过金泳三第一届文人政府的过渡，韩国开启了政治、经济全面民主化的进程。

“97 亚洲金融危机”发生在金大中执政时期的韩国。随后，韩国立即开展了提振韩国经济的行动，并全面展开社会、文化各领域的治理，这成为推动韩国媒介市场发展的主要力量。市场制度改革的核心是政府职能由管制转向引导，在媒介产业领域，也体现在国家与市场间逐步搭建良性关系。

2003 年，卢武铉入主青瓦台之后，韩国政府运用“自律、参与、分权”三项原则，力图减少政府对文化产业发展的干预，让市场调节发挥更为重要的作用。“援助但不干涉”的原则被卢武铉政府在后半期充分运用，市场逐渐成为推动韩国文化产业发展的主要作用力。这在一定程度上削弱了韩国文化产业的抵抗能力，给其进一步的发展带来了阵痛。比如：在电

① 赵鼎新.国家、战争与历史发展：前现代中西模式比较[M].杭州：浙江大学出版社，2015：102.

影产业方面，美韩自由贸易协定于 2006 年 7 月 1 日正式生效，韩国国内电影的荧幕配额减半，这给韩国国产电影的盈利带来了重重阻力，最终导致韩国国产影片的票房比重由 2006 年的 63%下降为 2007 年的 48%。

2008 年金融危机爆发后，大型企业生产成本增加，出口受阻，韩国实体经济遭受极为严重的冲击。韩国的文化产业也受到了冲击，文化领域的投资萎缩情况非常严重。为了应对这一局面，韩国政府调整了涉及文化产业的政策。李明博政府提出"绿色增长"战略，将发展文化产业作为经济复苏的重要推手。文化产业不需要大量的物质成本，因此在金融危机后，较实体经济能够快速恢复。为了推动文化产业的复苏，拉动整个经济的发展，2010 年，韩国政府针对文化产业的预算达到了 2000 亿韩元，文化产业振兴院计划在未来完成 200 个相关项目。

在不断的政策调整中，韩国政府最终确立了"创造—合作—竞争"的产业发展理念，主要表现为：在注重运用市场经济规律的基础上，更为注重调动作为市场主体的中小企业的积极性，大力推动民间机构的发展；明确市场的作用，积极将媒介产品与媒介市场结合起来；走产业化道路，使得相关文化商业机构、文化赞助、媒介经营市场逐渐成熟。因此韩国形成了适应市场经济的企业制度及环境。在政府的建设与推动下，韩国的各类媒介企业均能够按照市场经济的一般规律经营和发展，韩国媒介企业已经建立起"产权明晰、权责明确、政企分开、管理科学"的现代企业运行机制，形成了较为科学和规范的公司管理制度。

以韩剧为例，适应市场竞争的制作机制成为韩剧走出韩国、面向世界的重要前提条件。韩国的电视资源基本上被 MBC、KBS 和 SBS 三家电视台垄断，三大主体竞争激烈，SBS 表现突出。在电视剧的制作上，每家电视台都明确了各自的市场定位与品牌策略，观众可以根据自身需求选择产品。从剧情、演员阵容、场景到各类细节，都成为能够左右收视率的关键因素。因此，为了赢得观众，三大电视台在制播的每一个环节都精益求精，以确保每一部电视剧的收视率与维护电视台的品牌形象。

二、资金扶持与财税制度

韩国政府通过大幅度提高财政预算的方式，对文化产业投资基金进行融资及商业化运作，加大对文化产业发展的扶持力度。韩国国家文化体育财政专项基金主要包括：文化艺术振兴基金、影视发展基金、舆论振兴基金、地域新闻发展基金和国民体育振兴基金。这些基金分别由韩国文化艺术委员会、影视振兴委员会、舆论振兴财团和国民体育振兴工团根据文化体育观光部年度预算运营企划案分配、管理和使用，用于资助团体和个人的文艺创作、优秀期刊发行、演出活动、文学调研、文艺批评、国际文化交流和文艺工作者创作安全网建设等。这些基金由文化艺术委员会分类并列出细则，通过互联网公告并受理申请。韩国种子基金的政府投资部分由多个文化产业相关部门组成，各个部门分别设立账户，分工明确并着重于各自重点投资领域。中小企业厅(SBC)账户重点投资创业型风险企业、合资企业、成长型中小企业等；韩国文化体育观光部账户重点投资促进文化产业领域的相关企业和项目；韩国知识产权局账户着重于知识产权的商业化；韩国放送通信审议委员会账户着重于投资广播电信行业的企业和项目；韩国电影协会账户着重于投资韩国本土电影的拍摄制作及独立的电影发行商。

在投入资金扶持的过程中，韩国政府通过引入民间资金、基金市场化运行、倾斜中小企业、完善政府退出机制等方式增强优秀媒介内容的竞争力，保证了媒介市场主体的多元化，促进了媒介市场的繁荣与活跃。

引入民间资本是韩国文化产业社会运作模式的特色。从卢武铉政府执政的后半段起，削弱政策的支配性影响成为发展文化产业的新的政策构想。市场、企业、民间社团在文化产业发展中起到了更加重要的作用。李明博总统上台后，民间参与、地方分权的文化产业发展政策得到了进一步的落实，“民间与官方协调、中央与地方合作”的政策构想逐渐得以显现。[①] 在韩国民间社会，文化产业拥有多种专项基金，包括文艺振兴基金、文化产业振兴基金、信息化促进基金、广播发展基金、电影振兴基金。成立基金的目的主要是扶持不同文化领域的文化产业发展，不同领域内基金为韩国文化产业的快速发展提供重要保障。[②] 例如，韩国电影协会的“电影发展基金、韩国文化产业基金和文化账户内容基金是韩国 3 家主要的文化产业基金。这 3 家基金主要投资于风险小、经营业绩好的影视剧、动漫、游戏等文化创意领域，资金来源为政府、民间各 50%。韩国还推出全额民间资本的新借贷型民间投资基金，利用民间资金建设公共设施。建成的设施的所有权归政府，投资者享有一定年限的使用权，这期间政府每年以租赁费的形式按一定比例支付投资者运营收益，确保其收回投资成本。同时，为解决大量小微企业难以得到投资母公司资金支持等问题，2013 年，在政府的主导下，由大集团公司、商业银行和小微企业等 200 余家单位共同出资成立了共济组合基金。凡加入该基金的企业均可从该组合获取低息贷款。政府委托专业投资公司的这种间接投资方式更

---

① 穆宝江.韩国文化产业发展与中韩文化产业合作[D].长春：吉林大学，2012：61.

② 穆宝江.韩国文化产业发展与中韩文化产业合作[D].长春：吉林大学，2012：63.

为灵活，资金利用率更为高效，民间企业申请也更为便捷。

韩国政府致力于建立市场化运营的文化投资基金。通过公开招投标形式选择民间基金管理公司管理基金，进行市场化运营，基金自负盈亏。由于市场体制中的风投公司具有的逐利本质，在投资时会更为重视产品的内容创意，更有助于提高媒介产品的质量和竞争力。

大多数基金更注重投资具有一定风险的创业企业和处于成长期的中小企业①，因此设计了多种投资组合。政府提供资源和平台，尽量不干涉内容的创作。韩国政府的文化产业发展政策的重点放在了调动作为市场主体的中小企业的积极性。资本更多地投入成长型中小企业，而非公立文化机构或单独的文化项目，这从长远来看更有利于文化产业发展的多元化、市场化和规范化。

另外，韩国发达的资本市场，特别是二板市场②，为媒介企业提供了便利的融资方式以及资本退出渠道。文产基金投资的目的不在于控股，风险投资的本质是资本运作，退出是实现收益并进入下一轮投资的必然选择。③ 除了设立引导基金，韩国政府还进一步完善了文化产业税收优惠等促进政策。

所有这些组织模式都以相应的法律制度作为保障。韩国政府出台专门针对包含文化产业在内的产业投资基金方面的法律法规，规范文化产

---

① 韩国文化产业振兴院. 韩国文化产业振兴院和民间企业孵化器，共同努力创新创业企业[EB/OL].（2018-07-16）[2018-07-10]. http://www.kocca.kr/cop/bbs/view/B0000138/1836400.do? menuNo=200831.

② 二板市场是指专门协助高成长的新兴创新公司特别是高科技公司筹资并进行资本运作的市场，有的也称为创业板市场、另类股票市场、增长型股票市场等。

③ 谢韡.韩国促进文化产业投资的政策[J].文化学刊，2015(6)：78-81.

业投资基金的运作。为保障文化艺术振兴基金的募集、监管以及使用效率，政府出台了《文化艺术振兴法》《韩国文化产业振兴院条例》《文化艺术振兴法实施令》《文化振兴基金的筹集和管理规定》《审议委员会管理规定》《文化艺术振兴支援金管理规定》《文化艺术振兴基金赠款管理规定》等相关的法律法规。韩国基于《风险商业特殊措施促进法》建立母胎基金，在此基础上还组建"韩国风险企业公司""风险企业后援俱乐部""高新技术投资保险公司"等机构，对风险企业从资金、政策和技术上进行全面指导。①

三、完善价值评估体系，鼓励"创作人"

2013 年，韩国成立了"文化隆盛委员会"，负责具体的文化产业资讯、文化价值评估和文化发展力量协调工作，建立和推广文创产业价值评估体系，为内容产业建立起公正、透明的市场秩序，创造公平的竞争环境。韩国在文艺作品、手工业品、美术作品等文化作品的创作上鼓励的是以"创作人"为基本理念的个人创作机制。在韩国，除某些单位、某些公司出于特殊需要组建的一些小型的创作队伍外，是没有专业创作队伍的。这些个体创作人，为了自我生存和实现人生价值，自然就会发挥自己的能力，不断创作出更受市场欢迎的"人气产品"。②

---

① 谢韡.韩国促进文化产业投资的政策[J].文化学刊，2015(6)：78-81.

② 韩振乾.韩国文化产业浅探[M]//北京大学韩国研究中心.韩国学论文集：第十六辑.沈阳：辽宁民族出版社，2007：143-149.

第二节　增强媒介企业的公共服务与公共责任

媒介企业的生产内容是信息产品。信息产品普遍具有社会属性和经济属性，某些信息产品还具有政治属性。从历史经验考察，在政府不作为的时候，媒介有时会被市场驱动，媒介信息的经济属性被放大，而社会属性被忽略，从而出现媒介公共责任缺席的现象。这一点在新闻传播过程中尤为突出。19 世纪 30—50 年代，由于美国报业进入商业时期，竞争激烈，拉开了美国历史上“黄色新闻”的大幕。“黄色新闻”促使美国新闻学界的学者开始思考媒介公共责任问题。美国哈钦斯委员会在 1947 年的专门报告《一个自由而负责的新闻界》中，提出了媒介的社会责任理论。该报告认为，“每一个关心新闻自由民主和未来的人，都应该不遗余力地督促新闻界担负起责任，如果它没有通过自己的行动做到这一点，那么作为最后一种手段，政府权力将迫使它做到”[①]。包括施拉姆在内的许多学者倾向于认为，该理论是在鼓吹政府对大众媒介传播自由的干涉。事实上，报告是从媒介的主动性自律与政府的限制性他律两个角度出发，对媒介应负的社会责任提出期望，并试图说明政府应在其中承担的角色。

韩国的媒介市场在 1987 年之后被彻底放开。国家不仅不能高压控制新闻业，还逐渐与媒体形成协商、默契，甚至允许其参与国家权力的“共生关系”。同时，迅速发展中的媒介产业又需要资本的介入，导致媒体还没有完全从政府的控制中解脱出来，就陷入了资本控制之中，即陷于政治

---

① 新闻自由委员会.一个自由而负责的新闻界[M].展江，王征，王涛，译.北京：中国人民大学出版社，2004：18.

与资本的双重控制之中。如何在社会属性与经济属性之间找到平衡点，如何维护媒介企业的健康发展与媒介市场的有序运行，是韩国传媒业在当时面临的问题。政府主要通过理念倡导、政策制定和法律监管等措施增强媒介企业的公共服务与公共责任意识。

一、全民参与文化事业，力争公平

在有关公共文化的论述中，哈贝马斯最早认为：经济生活是市民社会的私人领域，文化生活是其公共领域。在这一公共领域中，人们就共同关心的经济、政治、文化和其他一切社会问题展开讨论，形成公共文化或公共舆论，整合公共领域的核心价值观念，建立市民社会统一的价值认同体系，赋予市民社会以凝聚力，使之保持自身相对于政治国家的独立性。[①]基于公共文化的公益性，公共文化传播生来强调易获得与易分享的公共属性。

在韩国普遍认同的观点是：国民的文化享受权是政府的日常工作议程。在这种理念指导下，1972 年韩国出台了《文化艺术振兴法》(简称《振兴法》)。《振兴法》有以下几个方面的要点：①体现了无论社会地位高低，国民都有平等享受文化自由的权利；②国家要对国民享受文化的权利给予充分保障；③要不断提高文化作品的质量和审美价值；④具体规定了筹措及使用中央文化艺术振兴基金和地方文化艺术振兴基金的相关事项。此外，《振兴法》还向人们阐释了如下文化产业发展逻辑：企业支持文化产业，扩大文化享受权并不是企业本身应尽的义务，但企业所进行的企业活

① 万林艳.公共文化及其在当代中国的发展[J].中国人民大学学报，2006(1)：98-103.

动却是离不开国民和社会支持的，所以企业应该考虑将自己营业所得的一部分拿出来回报社会，回报社会最好的办法就是出资支持文化产业的发展，以协助政府做好这项具有深远意义的工作。[①]

2006年以后，韩国文化产业的发展呈现出了“力争公平”的特点。卢武铉政府和李明博政府认识到很多国民无法享受到文化产业发展成果的事实，进而重视文化产业发展的公平化问题。因此，文化产业政策开始呈现出向普通公民，尤其是向弱势群体倾斜的强烈趋势。虽然韩国政府一直将发展文化产业作为关系全体国民幸福的重要事业，但是社会分化的事实着实影响到“文化事业为全体公民服务”这一宗旨的实践。因此，韩国文化产业更加关注贫富差距所带来的公民在享受文化产品方面的公正性问题。新文化政策着眼于所有阶层，鼓励人们不仅要尽情地享受文化，而且要参与文化创作，使文化艺术多样化，推进高雅文化的普及化、大众化，搞好公众的文化艺术创作。

李明博总统上台后，更是将文化产业发展的重心转向国民幸福方面，力争使所有韩国国民都能够享受到文化产业跨越式发展所带来的经济福利和文化福利。他认为：“所有国民都应享受文化生活，文化艺术带给人们的满足感直接影响到人的幸福。当孩子们都能从小享受文化生活，并感到幸福时，我们才能一起分享幸福。”[②]

在全民参与理念的指导下，韩国文化事业的创作主体和经营主体都呈现出“百花齐放”的状态。韩国的电影和电视剧之所以能深入人心，也

---

① 韩振乾.韩国文化产业浅探[M]//韩国学论文集：第十六辑.沈阳：辽宁民族出版社，2007：143-149.

② 穆宝江.韩国文化产业发展特点评析[J].经济视角（下），2012(1)：52-53，55.

在于创作主体的多元化，韩国的媒介内容往往贴近生活，媒介市场没有明显的“一家独大”的情况。

二、保护和传承民族传统文化

作为非物质遗产的民族传统文化，容易因其经济价值不明显而被当今大众所忽视，因此一般要依靠政府保护与传承。韩国政府投入大量资金，设置相关的文化部门，通过法律和各种政策保护和振兴民族传统文化。韩国政府通过政策、法律以及财税等手段调控文化事业和文化产业的发展目标和态势，积极弘扬本民族的优秀文化，遏制与阻击外来不良文化的侵入和冲击。例如：政府出资保护历史遗迹；国家对掌握传统工艺的匠人提供专项补贴，以避免传统工艺失传；文化管理部门经常举办各种呈现民族风俗习惯和日常生活的展览；政府还举行诸如“文化遗产年”“韩国文化旅游年”等活动来向外国人介绍韩国传统文化。此外，为保护和发掘本国优秀传统文化，韩国还有一个非物质文化财产厅，专门管理非物质文化财产，如韩国传统的说唱、假面舞、摔跤、拳击、韩纸艺术、宫廷御膳、魔术、礼仪、传统医药等。对每项无形文化财产及掌握该技艺的民间艺人都进行编号管理。这类文化遗产多由民间老艺人采取师傅授徒的方式保存下来。①

三、制定媒介法规，增强媒介企业的他律意识

2014 年，SBS 的热播剧《匹诺曹》讲述了 4 个青年在电视台担任社会

① 李世军，吴娴.韩国文化的崛起及其对我国的启示[J].学术界，2005(4)：245-252.

部记者寻求新闻真相的故事。该作品采用艺术夸张表现手法，在某种程度上反映了韩国新闻界在自由竞争中隐藏的无序危机。

韩国新闻工作者有采访报道自由，但他们的言行和报道同时也受到政府新闻机构的指导、控制、检查以及公众的监督。韩国经常发生关于新闻报道的反驳、仲裁的事件，相关的新闻媒体和新闻工作者会因此受到劝告、公开或非公开的警告、停止报道、罚款等处分，有的人甚至被拘留、审查、撤职、开除和判刑。① 对于媒介企业来说，自觉承担社会责任是一种道德自律。自律固然重要，然而他律更为必要，因为制度的束缚是比人的自觉更为可靠的外部保障。

韩国《宪法》第 21 条有“所有国民拥有言论、出版的自由”等原则性规定。韩国新闻界最高级别的自治团体——韩国新闻协会制定了若干规定要求大众媒体遵守和自律。韩国目前执行的有关新闻、广播的法律主要有:《关于定期出版物登记法》《广播法》《韩国广播广告公司法》《广播文化振兴会法》《综合有线广播法》等。有关出版的法律有《关于出版社和印刷厂登记的法律》《著作权法》等。与此同时，大众传播业的自我管理也逐渐成熟，有关新闻自律的规定有:《新闻伦理纲领》《新闻伦理实践纲要》等。此外，韩国还通过媒体仲裁制度对媒介违规或媒体纠纷进行调解仲裁，这也起到了约束媒介企业，增强媒介企业社会责任感的作用。

第三节　媒介内容产品的管理措施

韩国文化产业振兴院的职能之一，是为数字化广播影像、动漫游戏、

① 郑保勤.韩国新闻工作者职业道德准则[J].国际新闻界，1998(1):37-42.

市场流通、扩充文化娱乐创作素材提供支持。除此之外，韩国政府基本不干涉文化创意产品的具体内容。对媒介内容产品的管理基本上集中在文化创意产品的知识产权管理和对新闻行业、互联网信息的监管上。

一、对文化创意产品的知识产权管理

韩国政府高度重视文化产业的知识产权保护工作，反对无视知识产权获取经济利益的行为。韩国在 1987 年加入了《世界版权公约》和《日内瓦录音制品公约》;1995 年加入了世界贸易组织（WTO）的《知识产权协定》;1996 年加入了《伯尔尼公约》;2004 年加入了《世界知识产权组织著作权条约》。保护知识产权可以促进媒介市场的正常运行与合法获利，确保“劣币驱除良币”的情况不会出现，尤其保护了中小创作主体的经济权益，从而也在根本上保护了媒介市场的多元活力与创作源泉。

韩国较早制定了保护知识产权的法律法规，从立法、司法和执法三方面打击国内版权侵权。通过政府部门积极开展的保护知识产权行动，韩国在知识产权保护方面已经形成了一套严密的法律制度体系，主要包括《专利法》《实用新型法》《外观设计法》《商标法》《版权法》《计算机程序保护法》《半导体电路设计法》《不正当竞争防止与商业秘密保护法》《种子产业法》《海关法》等。韩国日益健全的文化产业法律法规体系，不仅进一步理顺并规范了文化产业运行的相关机制及程序，还使各级政府部门和各类企业在文化产业发展中始终保持一种“理性”态度，从而有效避免了发展的盲目性和冲动性。

二、对新闻信息的管理

对于新闻信息的管理，韩国政府与媒介企业一直处于相互博弈的曲折进程之中。在李承晚、朴正熙、全斗焕的威权主义政治时期，政府强力操纵媒体，实行新闻检查制度，限制言论自由；媒体则屈从于政府威权，形成一种“压抑的从属关系”。例如，1961 年 5 月，朴正熙颁布《新闻、通讯社设施基准令》，对新闻机构进行大面积的整顿，查封千余种报刊，并实行严厉的审查制度，《民族日报》的左派社长被判处死刑；再如，1980 年制定的《新闻业基本法》明确要求媒体必须服从政府，而且将其制度化、合法化、极端化，并实施舆论统合，通过停刊、合并、强行国有化等方式将 28 家报社、29 家电台电视台、7 家通讯社整合为 14 家报社、3 家电台电视台、1 家通讯社，停办 172 种定期刊物，解雇一千多名新闻人。在政治强权面前，媒体的发展受到很大限制。①

伴随着韩国政治民主化进程的深入推进，韩国媒体的表现空间获得了很大释放。1987 年卢泰愚发表“6·29 宣言”，表示“政府不能控制新闻业”，废除《新闻业基本法》等。自此之后，韩国的民主化进程提速，政府对媒体的限制开始减少，取消了新闻检查制度，在法律上赋予媒体以更大的自由，言论空间显著扩张。威权统治渐渐退出政治舞台，民主政治正式登场。在这种大背景下，政府对媒体的直接、强行控制失去了合法性，取而代之的是文明、间接的媒体控制。② 金泳三执政时期，韩国的民主化力量增强，国家不仅不能高压控制新闻业，还逐渐与媒体形成协商、默契的关系。

然而，2008 年李明博上任后不久就加强了对互联网的管理，这被舆

① 徐玉兰.媒体与权力的博弈：从朴槿惠弹劾案报道看韩国媒体生态现状[J].新闻记者，2017(6)：46-53.

② 张涛甫.试论韩国媒体与政治的关系[J].杭州师范大学学报(社会科学版)，2009，31(4)：55-62.

论认为侵犯言论自由。李明博政府高度重视与媒体的关系,采取了掌控媒体的一系列措施。这些法律使得媒体不敢轻易地对政界进行批判和揭发。实际上始于2001年的"韩国国民对言论以及媒体信任度"调查结果也显示:自2009年至2013年期间韩国社会对媒体的信任度急剧下降,说明韩国保守党执政以来言论环境越来越恶劣。①

而朴槿惠政府实际上延续了李明博政府的言论政策,其实施的言论压制政策导致舆论环境越来越恶劣。据2016年无国界记者(Reporters Without Borders,Reporters sans Frontieres)公布的结果,韩国言论自由指数排在全世界第70位,止步于"部分言论自由国"的范畴。韩国言论自由指数在金大中政府时期排39位,卢武铉政府时期为31位,进入朴槿惠政府以后下降至70位。②

除了钳制之外,韩国政府也有对新闻信息的正面积极管理措施。韩国的媒体仲裁制度是对新闻信息正面管理的重要手段。韩国媒体仲裁委员会(Press Arbitration Commission)是在1981年颁布的《基本媒体法》的基础上成立的。韩国媒体仲裁主要是为了及时处理和解决由于媒体报道失实等引发的纠纷,预防因错误的或者重大疏忽的报道而对公民或者

---

① 徐玉兰.媒体与权力的博弈:从朴槿惠弹劾案报道看韩国媒体生态现状[J].新闻记者,2017(6):46-53.

② 徐玉兰.媒体与权力的博弈:从朴槿惠弹劾案报道看韩国媒体生态现状[J].新闻记者,2017(6):46-53.

KIM P-S. Evaluating MB administration's cultural policy and GH administration's policy challenges[J]. International journal of global culture,2013(2):19-33.

김평수. MB 정부의 문화정책 평가와 박근혜 정부의 정책 과제 [J] . 글로컬 창의 문화연구,2013(2):19-33.

Reporters Without Borders. rsf.org.

组织造成的潜在损害，以调解和仲裁相结合的方式，在维护媒体的自由与独立的同时，保护公民的权利不受侵害。该法案在1995年修订版本中，增加了调解职权。随着法案及法律实践的不断完善，根据《公共官员选举法案》，韩国又成立了媒体报道审议委员会，并于2005年颁布了《关于媒体报道导致损失的仲裁与补偿法案》。在具体的媒体仲裁规则的框架下，该法案还制定了包括从网上申请直至仲裁完毕的流程规定。仲裁庭通过对权益受侵害的一方和媒体机构的调查来寻找潜在的损害。如果双方达成一致，仲裁庭将根据双方意见达成调解协议，如果双方通过调解程序未能达成一个双边协议，仲裁委员会将考虑双方实际情况并依职权作出调解协议。调解协议和仲裁具有同等的效力，如果案件不具备调解的条件，仲裁委将宣布调解失败。之后双方如达成了仲裁协议可以继续提交仲裁申请。如果任何一方对仲裁庭依职权做出的调解协议提出异议，该协议对双方不生效，接下来申请人作为原告，媒体作为被告进入法律程序。除了上述调解和仲裁的基本职能之外，韩国媒体仲裁还特设了以下几个基本职能：建议整改；审查新闻选举的报道；提供免费的咨询服务；对相关人群进行预防教育。①

---

① 赵昭.韩国媒体仲裁制度的借鉴意义[J].人民论坛，2014(35)：250-252.
HUE M-S. A study on the possibilities of overprotection caused by "Right of Reply for Governmental offices" in press arbitration system[J]. Korean journal of journalism & communication studies，2010，54(6)：315-343.
허만섭. 언론중재제도의 ' 국가기관 반론권' 과보호 가능성에 관한 연구 [J] . 한국언론학보，2010，54(6)：315-343.
KIM Y，LIM Y. A study on press arbitration system in South Korea：focusing on its functions of conflict resolution and reinforcing the role of mediation [J] . Korean journal of journalism & communication studies，2010，54(1)：192-204.
김영욱，임유진. 언론-소스 간 갈등 해소와 " 조정" 기능 강화 장치로서 언론중재제도 연구 [J] . 한국언론학보，2010，54(1)：192-204.

仲裁的独立性可以保证裁决不受任何机构的干预,从而更好地保证仲裁的公正性。因此,媒体仲裁制度的建立可以克服法律制度的僵化带来的困难并适当弥补新闻法制缺失的弊端。从韩国媒体仲裁制度来看,其采取了区别于一般仲裁的特殊规则,体现了媒体仲裁的公正性、专业性和灵活性,对媒体的内容生产起到了外在的他律作用。

三、对网络信息内容的监管

随着网络技术的普及,各国政府均面临网络信息监管的问题。网络信息具有的发布主体匿名、信息高速流动等特征,给网络信息监管带来了难度。韩国属于互联网大国,韩国网络视频、广告、游戏发展迅速,韩国公民的政治生活、经济生活、文化娱乐生活也与互联网密切相关。对于韩国政府来说,对网络信息内容加以监管确实是一个不小的挑战。

韩国主要的网络信息监管机构是韩国因特网安全委员会,其下设两个具体执行部门:信息通信道德委员会和专家委员会。韩国因特网安全委员会的主要职责是:在宏观上设置有关网络传播内容的标准;提出网络传播伦理及道德建设的一般性原则。这些具体执行机构的职责是:在微观上制定关于网络传播具体信息的标准;预测和防范网络上可能出现的有害信息。此外,韩国信息通信部长具有网络监管权并承担网络监管职责。因此韩国通信部长及其下设机构可以设置相关网络行业的行政法规来履行其监管职责。[①]

在法律方面,韩国政府于2001年就颁布了《不当互联网站点鉴定标

---

① 栾静均.韩国网络监管对中国网络监管的启迪意义[J].今传媒,2015,23(1):29-30.

准》和《互联网内容过滤法令》，并在法律框架上确定了过滤信息、内容的合法性，旨在给未成年人以充分的保护。近年来，韩国政府陆续通过的《促进信息化基本法》《信息通信基本保护法》《促进信息通信网络使用及保护信息法》等旨在对有害信息进行举报、删除。韩国的网络监管采取的是网络实名制。[①]特别是在 2007 年《促进使用信息通信网络及信息保护关联法》的情报通信网的利用与促进及情报保护等方面的相关法条中开始出现网络实名制，影响力大与点击率较高的网站执行力度更高，此类网站的违法行为可能被处以高额罚款。韩国网络监管的法律主要执行的是事前的内容过滤法令。2001 年 7 月公布了《互联网内容过滤法令》（*Internet Content Filtering Ordinance*）。颁布的网络内容法律体系为韩国网络内容审查提供了法律依据。此外，韩国信息通信道德委员会还根据《年轻人发展法令》，在重要信息传播场所安装过滤、屏蔽软件。政府还公布了 13 万个有害网站列表，要求通过防火墙来限制色情或令人反感的网站站点的接入。

韩国的网络监管是以政府为主导的监管模式。这种模式的好处是充分发挥政策、行政、司法的作用，但成本与收益并不平衡。不足之处在于没能充分发挥行业自律组织与公众的积极作用，互联网自律组织与公众只是一个被动配合的角色。在这样的管制措施下，网民的主动性未被调

---

① CHOI H-G, KIM S-T. A study on task overlap of ICT policy related to informatization: focusing on comparison of government departments policy instruments and goals before the new government in 2013[J]. Journal of broadcasting and telecommunications research, 2013(4):159-190.
최홍규, 김성태. 정보화 관련 ICT 정책영역 중복에 관한 연구 [J]. 방송통신연구, 2013(4):159-190.

动起来,甚至还会产生逆反心理,这在全球范围内都是一个亟待解决的网络治理难题。

第四节 韩国政府帮助媒介企业开拓海外市场

20 世纪 90 年代以来,韩国政府提出了推动产业结构向技术密集型和知识密集型产业升级的发展战略,文化产业作为一种低消耗、高利润、高附加值产业受到韩国政府的大力支持。经过四届政府的大力扶持,韩国文化产业在亚洲金融危机之后快速崛起,实现了产值“三连跳”,成为韩国的支柱产业。1997 年韩国文化产业出口仅有 500 万美元,但首次实现零突破;2000 年已经爆炸性地增长至 5 亿美元;到 2012 年韩国文化产业已经占到 GDP 的 15%以上,出口规模高达 43.2 亿美元。2008—2011 年,韩国文化产业出口规模年均增速为 22.5%,韩国进入世界文化产业大国、文化产品输出强国和文化创意强国行列,创造了文化产业领域的“汉江奇迹”。[①] 这一切得益于韩国政府对文化产业与媒介企业的重视与支持。

韩国政府大力发展文化产业,既有韩国内部原因,也有外部原因。从内部因素来说,韩国由于国土面积狭小(国土面积不到 10 万平方公里)、人口基数小(人口不超过 5000 万),国内消费市场无法支撑文化产业发展,因此,媒介企业不得不向海外拓展市场。从外部环境来说,1997 年亚洲金融危机致使外资撤离韩国,韩币迅速贬值,韩国政府与国有银行已无

① 李建柱.论韩国文化产业振兴背后的政府举措及其对中国培植新经济增长点的启示[C]//文化发展研究 2014 年第 1 辑,2013:10.

法继续为大型韩国财阀注资，从而导致大型财团纷纷破产或者进行大幅资产重组，延续了30年的基于制造业的出口导向型经济增长模式瓦解。[①] 这使韩国政府开始意识到需要转变产业结构来推动经济的发展。

一、设立相关的政府机构

在韩国文化产业异军突起的背后，是韩国政府进行的一系列顶层设计。韩国文化产业振兴院则是韩国文化产业顶层设计中的龙头，也是韩国文化产业发展设计的总执行机构。

2001年，韩国政府成立了文化产业振兴院（简称振兴院）。2009年，韩国国会修订了《文化产业振兴基本法》，明确规定"政府为了有效扶持文化产业的振兴和发展，特设立韩国文化产业振兴院"[②]。随后韩国政府将原韩国文化产业振兴院与广播影像产业振兴院、游戏产业振兴院、文化产业中心、软件产业振兴院数字事业团共5家单位整合重组为目前的韩国文化产业振兴院，此机构是韩国政府设立的事业单位，隶属于韩国文化体育观光部，统领并支持全国文化产业的发展。同时，韩国的16个道、市也都建立了自己的文化产业振兴院，负责促进本地区文化产业的发展。其中15个是政府设立的事业单位，而江原道文化产业振兴院则是政府支持、社会力量兴办的。

目前，韩国政府每年安排3000亿韩元用于支持文化产业的发展。这

---

① 王丛. 韩娱经济学[M].北京：中信出版社，2015：1.

② JEONG H-IL. Analysis of incentive and regulatory systems of basic law for cultural industry promotion[J]. Journal of cultural policy，2007(18)：125-144.
정헌일. 문화산업진흥기본법의 유인 및 규제체계 분석 [J] . 문화정책논총，2007(18)：125-144.

笔资金每年由振兴院提出预算，经韩国文化体育观光部审核后报国会审议。振兴院的年度工作计划和重大事项报文化体育观光部审定，日常各项工作则由振兴院自主开展。文化体育观光部则主要负责制定文化产业政策和宏观管理。

韩国文化产业振兴院在推动韩国媒介企业走向海外的过程中扮演了一个中介平台的角色，为企业建构了一个公共服务平台。一方面，振兴院协助韩国政府制定文化产业政策，开展文化产业统计调查和趋势分析，发布各行业的产业白皮书、开展海外文化市场动向调查分析，发布文化产品使用者调查分析报告，对文化企业进行投资指导和信息服务。振兴院在提供信息咨询、倾听投诉建议等直接服务的同时，还提供文化产品制作、流通、出口等一站式综合服务。振兴院在国内建立了设施中心，为中小企业提供优惠的场地、设备服务，降低中小企业生产成本，为文化产品创作生产提供便利。振兴院还为韩国文化企业量身定制投融资金融辅助服务、提供文化产品制作及设施建设类融资、完善文化产品保证制度、扩大文化产业内部融资交流、实施文化产业价值评估以改善金融环境。

为使韩国文化产业进军海外市场，振兴院为媒介企业提供海外市场分析，支持企业参加国外文化会展，帮助企业在当地开展营销活动并建立客户关系，寻求共同制作和发行。同时，对外宣传韩国文化、促进韩国文化产品出口，及时帮助企业协调解决在海外投资和发展中遇到的困难，搜集企业诉求并协调当地政府以寻求解决。振兴院已成为韩国文化企业在海外发展的重要推手和坚强后盾。目前，振兴院在美国、中国、欧盟和日本设有办事处。早在2001年，振兴院就在北京设立了办事处，常年从韩国派驻工作人员。办事处通过协调中国政府相关部门、自主举办活动、到中国各地参加各类文化商业活动等形式帮助韩国文化企业开拓中国市场，密切与中国政府、企业的联系，从而成为韩国文化企业在华发展的支持与后援。①

二、出台相关的法律政策

1998 年，金大中当选韩国总统，正式提出“文化立国”的方针。作为立国战略，文化产业蓝图与国家中长期发展计划是从金大中（1998—2002）执政后正式开始确立的。此后，卢武铉、李明博、朴槿惠 3 位总统也将文化产业放在重要位置。

金大中政府从国家发展的高度明确了文化产业的战略价值，金大中指出“文化产业是 21 世纪的基干产业，是旅游产业、影视产业、文化产业等具有无限可能发展性的产业代表，是财富的宝库”②。此后，金大中制定了相关的措施。1999 年，颁布文化产业相关的长期发展规划——《文化产业发展 5 年计划》，这是韩国历史上第一次颁布关于文化产业发展的中长期规划。2000 年 2 月，颁布了《文化产业蓝图 21》，以“文化产业成为 21 世纪国家基干产业”“文化产业成为知识经济中的领先者”为发展目标。③ 2001 年，韩国政府颁布了《内容韩国蓝图 21》，确定了“实现 21 世纪文化大国、知识经济强国”的文化产业发展目标。这一时期文化产业发展

---

① 文化部文化产业司赴韩国考察调研组.韩国组建文化产业振兴院的战略考量[EB/OL].(2014-07-14)[2018-01-23].http://cpc.people.com.cn/big5/n/2014/0714/c68742-25278973.html.

② 向勇，权基永.韩国文化产业立国战略研究[J].华中师范大学学报（人文社会科学版），2013，52(4):107-112.

③ 向勇，权基永.韩国文化产业立国战略研究[J].华中师范大学学报（人文社会科学版），2013，52(4):107-112.

的主要目标是：为培育文化产业建立基础，构建文化产业振兴的社会共识。

金大中政府（1998—2003）推进的文化立国战略一直持续到卢武铉政府（2003—2007）时期。卢武铉政府分别于2004年和2005年制定了《创意韩国》《新艺术政策》以及*C-Korea 2010*等中长期发展规划。[①] *C-Korea 2010*明确提出了“实现世界5大文化产业强国”的目标。这一时期的主要特点是：扩大对地方文化产业培育的力度，丰富文化产业的具体形态。

李明博政府时期将文化产业视为国家的核心产业，加大培育力度。李明博政府（2008—2012）的文化政策集中体现在2008年12月发布的《文化蓝图2012》之中。该文化蓝图制定的文化战略目标为：建设一个“有品位的文化国家——大韩民国”[②]。2011年颁布了《内容产业振兴基本计划》，明确了“体现智慧内容的韩国”的战略目标。[③]

在韩国的文化立国战略中，海外市场是韩国政府格外注重的市场。这也体现在出台的政策之中：《内容韩国蓝图21》以“为2003年进入文化内容核心生产国行列提供基础”为目标；*C-Korea 2010*以“成为世界5大文化产业强国”为目标；《内容产业振兴基本计划》以“进入2015年内容产业5大强国行列”为目标。由此可见，韩国政府发展文化产业的目标并不仅仅止于国内市场，而是将目光瞄准了更加广阔的海外市场。

---

① 向勇，权基永.韩国文化产业立国战略研究[J].华中师范大学学报（人文社会科学版），2013，52(4)：107-112.

② 向勇，权基永.韩国文化产业立国战略研究[J].华中师范大学学报（人文社会科学版），2013，52(4)：107-112.

③ 刘盈.韩国文化产业政策对韩剧产业发展的影响[D].重庆：重庆大学，2015：57.

除了从战略的高度重视文化产业之外，韩国制定的相关法律政策也为生产文化产品的媒介企业提供了法律上的支持。

从 1995 年到 2005 年的十年间，韩国法规及制度上的变化大体上分为两大部分。

第一，《文化产业振兴基本法》的出台。① 1995 年，韩国政府制定并颁布了《文化产业振兴基本法》，该法律旨在扶持文化产业，完善文化产业发展基础，增强韩国文化产业竞争力，进而提高韩国民众文化生活质量，促进国家经济发展。这部基本法为之后相关的文化产业机构、文化振兴基金等的建立和税收方面的优惠提供了最根本的法律保障和行为准则，是一部带有振兴、扶持性质的法律，具有宏观调控的作用。主要特点体现在：明确文化产业的含义；特定培养和发展文化产业的基本计划；承担振兴文化发展的国家责任；进一步明确文化产业是国家发展战略目标中的一环。

第二，除《文化产业振兴基本法》之外，韩国政府针对不同的文化创意产业制定了不同的法律政策，其中有针对游戏、音乐、电影和录像等行业的专门法律，并在此基础上不断完善文化产业的法律制度。《电影振兴法》主要涉及电影制作、进口、等级分类、上映等相关事宜。《唱片、录像带及游戏产品法》主要涉及唱片、录像制品及游戏盘的制作、供给、销售、进口、等级分类等。《影像振兴基本法》主要目的在于振兴影像产业并保障影像文化流通顺畅。《出版及印刷振兴法》则为出版、印刷事项及出版、印

① JEONG H-IL. Analysis of incentive and regulatory systems of basic law for cultural industry promotion[J]. Journal of cultural policy, 2007(18): 125-144.
정헌일.문화산업진흥기본법의 유인 및 규제체계 분석 [J] . 문화정책논총, 2007(18): 125-144.

刷文化产业的支持、培育和出版物的审查提供法律依据。《广播广告公社法》为成立广播广告公社提供法律依据，主要涉及韩国广播电视广告销售的有关事宜。

在短短几十年中，韩国媒介企业在政府的支持下获得了快速发展，并向海外大力输出文化产品。[①]同时，这些媒介企业分布于韩国文化产业的不同领域，包括出版产业、漫画产业、游戏产业、音乐产业、电影产业、动画产业、电视产业、广告产业等。以下主要以韩剧、韩国流行音乐、韩国游戏产业背后的媒介企业为例，分析韩国政府是如何帮助媒介企业开拓海外市场的。

三、推动韩剧输出海外市场

韩剧作为韩国文化产业中的重要部分，在韩国的文化输出中发挥了巨大作用。韩国政府设置了许多机构来协助韩剧产销流程各个环节的健康运行。这些环节包括前期的人才培育、资金补贴、节目研发、基础设施建设，后期的国际通路、发行与销售，这为韩剧的生产制作及流通提供了良好的操作空间与市场环境。

（一）制定政策繁荣韩剧的国内市场

韩国电视剧产业总体上呈现政府主导、寡头垄断的特征。政府将强力监督和大力扶持并举，利用立法保障、政策引导、资源资助等方式管理和保护电视剧产业。在韩国，电视剧产业链由三家广播电视公司——韩

① JEONG C H, PARK Y Il, KIM J E. A comparative study on effects of policy instrument in cultural industry: focus on export promotion policy[J]. Journal of social science, 2012, 51 (2): 1-39.

国放送公社(KBS)、韩国文化广播公司(MBC)和首尔广播公司(SBS)垄断运营。其他有线电视台如 tvN、OCN、Channel A 等分别只占据了较小的市场份额。三大广播电视公司主导并由其子公司制作的电视剧则占了韩国电视剧总播出量的 40%左右,剩余的 60%由独立制作公司完成。根据韩国《广播法》规定,三大电视台之外制作的节目占播出节目总数的比例要达到 40%,其中独立制片商制作的节目份额要达到 30%。这样的节目配额制对韩国独立制作公司是一种保护,能够促进韩剧的多样化发展。

(二)保证韩剧质量是海外输出的前提

韩国电视剧产业是在保证质量的前提下向海外输出的,因此,韩剧一直以来奉行的是高质量输出战略。2014 年,韩国三大广播电视公司 KBS、MBC 和 SBS 分别播出了 24 部、20 部、18 部电视剧,算上以希杰娱乐为代表的有线电视运营商以及四大综合集成频道(JTBC、MBN、TV Chosun、Channel A),2014 年全年所有韩国电视剧播放总量仅为 116 部。另外,韩国三大电视剧制作公司 PAN 娱乐、绿蛇、三禾这样的顶级制作公司每年制作电视剧的数量也仅为 1—3 部。韩国绝大部分电视剧实行"制播合一"的模式,三大广播电视公司在启动制作时已得到了播出时间的保证。

为了加强对电视剧产业的扶植,韩国政府规定电视台必须把电视剧广告 40%以上的收益用于投资电视剧。这样就能为电视剧的制作提供充足的资金,提升电视剧的质量,从而提高收视率,而广告主也能从中获益。这种良好的生产销售方式更能保证电视剧的高质量,也是韩剧输出海外的重要前提。

韩国的电视剧生产采用的是"边写边拍边播"的模式。这种制播模式源自美国的电视剧生产方式，这一模式能够更多地吸纳观众的想法，根据观众的观看体验来灵活调节剧集篇幅，甚至还可以将播出过程中发掘的灵感和故事写入剧本。在韩国电视剧生产的产业链条中，“编剧”有很高的地位，他们决定了电视剧的生产质量。

（三）韩国政府对媒介企业的经济补贴和税收优惠

为了促进韩剧及韩国文化产品的出口，凡从事对外文化推广的公共机构和组织均有机会得到韩国政府的补贴和激励。2001 年，韩国成立了韩国文化产业振兴院，此部门每年可得到政府 5000 万美元的资助。韩国电视剧不仅输出到亚洲国家，还输出到阿拉伯以及拉美国家。[①] 为了扩大韩剧的国外市场，韩国政府曾花钱买断版权，免费送给一些国家播放。2005 年，韩国政府购买了《冬日恋歌》《情定大饭店》等韩剧的版权，免费提供给数十家阿拉伯电视台播放；2007 年，《大长今》在伊朗收视率高达 86％。由于实行成功的海外推广策略，在古巴韩剧已取代垄断古巴市场 30 年的巴西电视剧，成为最受欢迎的外国电视剧。[②]

《文化产业振兴基本法》在第 3 章第 30 条对韩剧发行商的税收扶持政策做了明确规定：为振兴文化产业而投资于文化产业设施及文化产业团体，且制作人、投资公司、投资组合投资于文化产业或支援创业者创业时，政府针对受支援者可实施税法所规定的税制支援。

此外，韩国政府实施财税优惠政策鼓励韩剧“走出去”。在韩国，优秀的文化产品（服务）出口可享受出口退税、税收饶让、税收抵免、进出口关税免征等多种直接和间接的税收优惠政策。例如：本土文化制作企业每

---

① 赵丽芳，柴葆青．韩国文化产业爆炸式增长背后的产业振兴政策[J].新闻界，2006(3)：91-93.

② 陈云萍．韩剧产业成功原因分析[J].青年记者，2017(5)：109-110.

年生产1000部以上的出口影像制品，除政府提供财政资助外，还可按照国内征税率的100%全额给予出口退税优惠；对于文化产品（服务）的国外所得利润，若在国外享受减免税的，在税收协定允许的范围内，实行税收饶让抵免①的优惠待遇；本国文化企业在境外缴纳的公司所得税准予在韩国全额税收抵免；文化产品和文化劳务出口适用零关税优惠税率；进口国内缺乏且不能生产并用于文化、教育方面的仪器设备可免征进口关税等。韩国政府还决定将影视产品出口纳入“出口支援对象”，影视产品出口享受待遇与传统产品相同，并提供制作经费的70%作为支援资金。可以发现，韩剧在国外的流行，与韩国政府在税收方面的优惠政策是分不开的。

（四）支持媒介企业参加海外推介会

除了政府的直接补贴之外，韩国《文化产业振兴基本法》第3章第20条对韩剧的国际交流及海外市场进出支援做了统一规定：为了提高文化商品之出口竞争力且鼓励进军海外市场，政府可支援国外共同制作，通过转播、网络等海外行销推广活动，吸引国外投资，鼓励参加国外影展、片场及国内举办的展会，建构出口相关合作体系等方面事业。为有效支援上述所规定的事业，文化体育观光部部长可依总统令规定委托相关机构或团体代办，且能补助所需费用。

根据《文化产业振兴基本法》的要求，韩国政府积极支援参与海外电视节目交易会的公司。2008年，韩国政府花费3.9亿韩元支援韩国电视剧参加国际电视交易会。当年韩国电视剧参加了5个国际电视节目交易

---

① 又称税收饶让，指居住国政府对其居民在国外得到减免税优惠的那一部分，视同已经缴纳，同样给予税收抵免待遇，不再按居住国税法规定的税率予以补征。

会,在海外销售业绩达到264亿韩元。2011年,韩国电视剧参加的国际电视节目交易会增加到10个,海外销售业绩也从2500万美元增加到3486万美元。政府的资金支持为韩国电视企业进军海外市场提供了必要的物质基础,也强化了整个产业国际化发展的信心。

(五)积极发展韩剧译制片企业

韩剧在全世界的广泛流行离不开韩国政府积极地为韩剧进行的二度创作——将电视剧中的韩语翻译为外文。韩国政府成立了音影分支公司,政府全额补助翻译和制作费,同时成立"原创文化数码机构"和"故事银行"两个内容数据库,为创作提供资源。

因此,韩国电视剧生产企业能够在韩国政府相关机构的协助下和在有关政策的扶持之下积极开拓海外市场。多部韩剧火爆全球。其中,2002年的《冬日恋歌》将"韩流"推上一个高峰。这部由裴勇俊和崔智友主演的纯爱系列韩剧于2002年1月在KBS播出,21%—25%的国内收视率在当时并不算特别突出,但是当PAN娱乐在2002年4月将《冬日恋歌》出口到亚洲其他国家和地区时,取得了意料之外的收获。该剧也风靡中国台湾、中国香港、泰国等地区和国家。此后的《对不起,我爱你》《我叫金三顺》《花样男子》《继承者们》《来自星星的你》等韩剧也广受全球观众的青睐。其中《来自星星的你》是韩剧海外输出最为成功的案例之一,已经达到了国家级文化交流的层次。在日本有线台、中国台湾中视、中国华语卫视、中国香港TVB、缅甸SKYNET电视台都有播出,并且获得了中国第二十届上海电视节白玉兰海外电视剧银奖、东京国际电视剧节海外电视剧特别奖等国际大奖。

四、帮助娱乐企业开拓海外市场

音乐产业是韩国文化产业的重要组成部分，近几年也在世界范围内广泛发展，这其中尤以鸟叔的《江南 style》最为突出。此歌曲经新媒体传播后，在全球范围内掀起了新的一轮“韩流”热潮。韩国流行音乐成功的背后自然离不开那些颇具实力的娱乐公司，其中以三大娱乐公司为主——SM 娱乐、YG 娱乐、JYP 娱乐，但其发展过程中最为关键的还是政府对娱乐产业的扶持。

(一)韩国政府制定相关政策扶持音乐企业

韩国政府为了推进韩国流行音乐的海外输出，给予包括流行音乐在内的文化产业一定的财政支持并制定相关配套措施与政策。韩国政府于 2003 年制定了《音乐产业振兴 5 年计划》，力争将音乐产业发展成核心文化产业，至 2007 年韩国政府向音乐产业总计投资了 4043 亿韩元。根据《音乐产业振兴 5 年计划》，韩国政府积极进行反盗版活动，全面修订《著作权法》，开展保护音乐著作权的活动。同时，决定定期举办音乐产业论坛，构筑专家参与的有效的政策开发系统，进一步促进演出文化和地方音乐文化发展，积极扩大演出内容和次数，并确定全国的 20 余家剧场为“大众音乐专用剧场”。为了进一步促进音乐产业的发展，韩国将扶持独立唱片公司，以培养独立乐队及特殊形式创作者；积极采取出口音乐产业制作和音乐娱乐公司投资组合的方案，扩大支援范围。此外，通过“韩流”的持续影响，确保海外固定节目市场，扩大海外市场，并推进新旧媒体的唱片宣传营销和朝韩音乐产业交流。

2008 年的金融危机后，韩国政府于 2009 年颁布了《音乐产业振兴中长期规划》，把扩大国内音乐消费需求、扩建音乐基础设施、增强国际文化交流活动作为提振音乐产业的三大战略，并决定由政府注资 1275 亿韩元，以资助音乐市场开发、版权保护、人才培养和数据库建设工作，促使音乐产业尽快摆脱金融危机后发展趋势下滑的困境。[①]

经过 10 多年的发展，韩国音乐出口规模逐渐攀升，从事音乐产业的企业逐步增多。2014 年，国际唱片行业协会(IFPI)发布了《唱片产业数据年鉴：2013 年唱片音乐市场》(*Recording Industry in Numbers: the Recorded Music Market in 2013*)，报告就全球唱片市场的现状及发展趋势进行了相关数据统计分析。国际唱片行业协会的调查数据显示：2013 年韩国唱片业在全球音乐市场的规模由 2012 年的第十一位上升至第十位，较上年同期增长 9.7%，在亚洲仅次于全球第二大市场——日本。销售额方面，2013 年韩国音乐产业为韩国内容产业创造了 4.28 万亿韩元的收入，与前一年相比增加 7.1%。

从历年排名看，2005 年时韩国唱片规模还停留在全球第三十三位，到了 2013 年其排名已经上升至第十位。2013 年，在韩国从事音乐产业的企业共有 3.68 万个，音乐产业销售额 4.28 万亿韩元，附加值 1.7 万亿韩元，出口额 2.77 亿美元，进口额 1296 万美元。2014 年韩国音乐产业出口额达到 3.1 亿美元。此外，韩国音乐的出口规模远远大于进口规模。

根据韩国文化体育观光部提供的《2013 年文化内容产业统计调查》，2012 年韩国音乐主要向日本、美国、中国、欧洲出口。而这也符合韩国娱乐企业在全球音乐消费市场上的布局：首先向亚洲市场拓展，逐步开拓欧

---

① 李拯宇，干玉兰.综述：韩国政府注资振兴流行音乐产业[EB/OL].(2009-02-09)[2022-05-16].http://news.sohu.com/20090209/n262118377.shtml.

美市场。

表 2-1　2010—2012 年韩国音乐产业各地区出口情况(单位:千美元)

国家/地区	2010 年	2011 年	2012 年	占比	复合增长率
中国	3 627	6 836	8 806	3.7%	55.8%
日本	67 267	157 938	189 512	80.6%	67.8%
美国	11 321	25 691	31 146	13.2%	65.9%
东南亚	432	587	857	0.4%	40.8%
欧洲	396	4 632	4231	1.8%	226.9%
其他	219	429	545	0.2%	57.8%
合计	83 262	196 113	235 079	100.0%	68.0%

数据来源:韩国文化体育观光部《2013 年文化内容产业统计调查》①

韩国媒介企业向海外输出音乐产品的方式分为两种:一种是直接输出,另一种为间接输出。直接输出包括参与海外展会和活动、接触海外经销商、线上海外发行、海外公司等。间接输出包括国内代理活动和海外代理活动,其中与海外经销商接触是韩国音乐产品输出的主要方式。

韩国三大娱乐公司——SM 娱乐、JYP 娱乐、YG 娱乐也早已看到韩国本土音乐市场的局限性,在各自公司发展早期便向海外输出音乐产品。面向海外市场就需要迎合海外受众的需求,因此,韩国流行音乐产品也做了相应调整:音乐中加入了欧美音乐的元素;明星团体成员中加入非韩国籍成员;长期与海外作曲家和编舞家合作。SM 娱乐、JYP 娱乐、YG 娱乐等娱乐公司都将目标锁定在海外市场,积极与海外公司合作。各大娱乐公司在日本、中国内地和中国香港地区、泰国、美国等地都开设了海外办

① 王丛.韩娱经济学[M].北京:中信出版社,2015:244.

事处，所推出的偶像组合和歌手们基本上是在韩国出道发展，然后推出到日本市场，最后主攻中国以及亚洲市场。其中宝儿、东方神起、EXO等偶像明星的音乐作品都成功输出到了海外市场，产生了较大的影响。

表2-2　2011—2013年韩国音乐产业海外输出途径占比

海外输出途径		2011年	2012年	2013年
直接输出	海外展会和活动参与	2.7%	3.2%	3.2%
	海外经销商接触	63.0%	61.9%	61.7%
	线上海外发行	8.2%	9.2%	9.3%
	海外公司	5.5%	4.8%	5.1%
间接输出	国内代理活动	6.9%	5.6%	6.2%
	海外代理活动	13.7%	15.3%	14.5%
合计		100.0%	100.0%	100.0%

数据来源：韩国文化体育观光部《2013年文化内容产业统计调查》①

（二）帮助媒介企业推广流行音乐

韩国政府还会通过政治场合推广韩国流行音乐。韩国政府及相关部门举办的很多活动都会积极邀请流行音乐组合或歌手们来代言或表演助兴。这样既增加了活动的关注度，又给韩国流行音乐歌手一个较好的平台进行对外展示。例如：F(x)的Krystal受邀担任2012韩国警察局官方宣传大使，同时还是2012年伦敦残奥会韩国宣传大使；女歌手IU(李知恩)担任韩国学校暴力防治形象大使以及名誉警察；偶像组合Bigbang任韩国法务部形象大使；组合JYJ受邀出席2012年韩国核安全峰会等。

（三）政府机构牵头与海外合作

2015年，韩国计划推出全球韩流艺人培养中心(Global K-pop Star

① 王丛.韩娱经济学[M].北京：中信出版社，2015：245.

Training Center)项目。此项目是韩国政府为推动韩流出口的首个国家级事业，主要目的是在东南亚地区乃至全球范围内选拔和培养有潜力的流行音乐人才。韩国文化体育观光部下属的大韩民国歌手协会与香港凤凰卫视集团、中国世纪英雄传媒集团的负责人在韩国首尔签订了设立“全球韩流明星培训中心(Global K-pop Star Training Center)”的合约。大韩民国歌手协会发挥其作为韩国政府文化体育观光部下属的歌手工会的职能，联合SM娱乐、YG娱乐等韩国大型娱乐公司共同协作，积极培育下一代韩流明星；同时，凤凰卫视以自身电视台的媒体资源介入，提供包括卫星频道节目及凤凰卫视新媒体平台资源在内的全力支持；世纪英雄传媒集团则携包括“世纪英雄音乐有限公司”“世纪英雄学院”“世纪英雄电视节目制作有限公司”在内的旗下娱乐资源品牌协同支援。这样一来，韩国政府与韩国媒介企业之间形成一种互相合作的模式。在这一模式中，韩国政府搭建起一个海外合作的平台，这更有益于韩国媒介企业向海外拓展市场。

五、帮助游戏企业开拓海外市场

游戏产业在韩国的文化产业出口中占据首位。游戏产业规模巨大，并且成功出口多个国家，拥有大量的全球用户。从20世纪90年代开始，韩国政府就开始大力发展游戏产业，并积极支持游戏企业走出国门。政府成立了韩国游戏产业开发院、韩国软件振兴院(KIPA)、影像物等级委员会、游戏文化振兴协会等诸多专门机构帮助游戏产业发展。此外，韩国政府还在产业政策、国际展会支持、人才培养等方面给予游戏产业支持。

(一)出台相关政策支持游戏产业发展

1999年，韩国政府就开始针对游戏产业制定相关的重点扶持政策。

《唱片、录像制品及游戏产品法》中第一次提到关于游戏内容开发及游戏产业振兴的目标，同时也定义了游戏行业和产品，规定了适合不同玩家的游戏制品并将相关等级分类体系系统化。这标志着游戏产业的专项政策制定和立法的开始，游戏等级审核制度也应运而生。

2003年11月，韩国政府制定了游戏产业中长期计划。这个计划一方面是为了强化韩国游戏产业竞争力；另一方面是寻找提升韩国游戏形象和认可度的方法。此项游戏产业振兴中长期计划包含六大重点课题：第一课题是通过白皮书等相关研究报告，强化韩国国内游戏产业政策情报工作，加大对游戏创意创作和投资的鼓励和支援；第二课题是扩大海外市场，韩国从2003年开始，正式将游戏产业出口到中国市场；第三课题是改善社会对游戏文化的认识，预防游戏"副作用"的产生，减少因青少年游戏沉迷导致的家庭矛盾等社会问题；第四课题是加强游戏人才专业化，推动更多人才研制和开发质量更高、内容更广的游戏；第五课题是加强游戏产业基础设施建设，构建游戏产业的核心应用技术与开发体系，不断创造新的技术以开拓游戏市场；第六课题是针对不同游戏的运营环境、平台和方法采用不同法律来管理和限制。强调游戏产业应实行自律的分年龄段限制制度。①

为了促进电子竞技的发展，韩国于2004年12月出台了"电子竞技(e-Sports)发展政策蓝图"。为进一步构建健康的游戏文化，韩国政府于2005年9月出台了"健康游戏文化构建的强化政策"。②

2006年4月，韩国政府出台《游戏产业振兴相关法律》，该文件包括

---

① 张焱.韩国游戏产业政策探析[D].上海：上海大学，2013：43.

② 刘文，张丹.中韩游戏产业发展比较研究[J].贵州社会科学，2015(4)：112-120.

游戏产业的振兴、游戏文化的振兴、等级分流等三部分，为韩国游戏产业与文化的均衡发展提供了法律依据。2008 年又出台了第二期"游戏产业振兴中长期计划"，即"第二次革新"。为了增强电子竞技在国际上的影响力，2010 年，韩国文化体育观光部出台"电子竞技中长期发展计划(2010—2014)"，提出完善电子竞技基础设施、确立韩国电子竞技全球领导地位、革新电子竞技模式三个目标。①

总的来说，韩国政府扶持韩国游戏制作企业的政策，为企业提供了更广阔的发展空间、更健康的生存环境、更好的融资平台以及更多的海外交流机会。

(二)参与游戏展示会，促进海内外交流

1999 年，韩国政府开始对国内 280 多家游戏生产企业参加 E3(美国)、ECTS(英国)、TGS 东京电玩展(日本)、IAAPA 展(美国)等世界四大游戏展示会给予了帮助，这使韩国游戏生产企业最终获得了 11 亿美元的合作意向，签署了总额为 4100 万美元的合同，并在开拓海外市场和进行信息交流方面取得了巨大成果。2001 年，由韩国国际电子营销公司(ICM)主办，韩国三星公司提供赞助的世界电子竞技大赛(World Cyber Games，WCG)成功举办，之后发展为年度国际游戏盛典，被称为"电子竞技奥运会"。这一赛事的举办增强了韩国游戏企业与海外游戏企业的交流，每年都有 50—60 个国家和地区的 2 万多人参赛。它已被确立为世界性的游戏庆典，作为东道主的韩国因此提升了国际影响力。②

另外，从 2001 年开始，韩国创意振兴研究院每年发布《大韩民国游戏

① 刘文，张丹.中韩游戏产业发展比较研究[J].贵州社会科学，2015(4)：112-120.

② 姜锡一，赵五星.韩国文化产业[M].北京：外语教学与研究出版社，2009：184.

产业白皮书》，举办各种研究论坛，为游戏企业提供海内外游戏产业信息。为帮助韩国企业走向海外，韩国政府每年都支持韩国中小游戏企业参加海外各种游戏展览，所有费用均由政府承担。[①]

（三）政府重视游戏人才培养

2000 年 11 月设立的“游戏学院”，每年为韩国游戏产业培养 250 名专业人才。此外，为了保证游戏产业从业人员及时更新 IT 技术和游戏开发技术，韩国文化体育观光部于 2000 年对从事游戏开发项目的男性工作人员实行“兵役特例制度”，即到了服兵役年龄的男性可以在政府指定的技术部门或企业从事义务工作来代替服兵役的制度。[②]

20 世纪 90 年代，韩国政府开始大力发展游戏产业，支持韩国游戏企业向海外市场进军。1996 年出台的《唱片、录像制品及游戏产品法》大力支持游戏产业的振兴，使游戏产业逐步成为文化产业的重要组成部分。1998 年韩国政府开始支持韩国的游戏产业参加 E3 和 ECTS 等海外有名的游戏展会。1999 年成立了游戏综合支持中心，游戏产业开始快速发展。2000 年 11 月韩国游戏产业振兴院下设立了游戏学院（Game Academy）。自 2001 年开始，韩国每年召集世界网络游戏大会。

从金大中政府开始，韩国就注重游戏产业的培育，将其作为经济发展的新增长点。从 2000 年起，政府连续三年投资 1500 亿韩币，设立了“游戏综合支持中心”和“游戏产业园区”，还成立了游戏学院培养相关领域的专门人才。

---

① 刘文，张丹.中韩游戏产业发展比较研究[J].贵州社会科学，2015(4)：112-120.

② 刘文，张丹.中韩游戏产业发展比较研究[J].贵州社会科学，2015(4)：112-120.

韩剧、流行音乐产业和游戏产业堪称韩国三大文化支柱产业，近年来的蓬勃发展离不开韩国政府提供的各方面的支持。首先，韩国政府成立了相关的部门为媒介企业海外发展制定相应政策；其次，韩国政府搭建了海内外产业交流平台，让韩国媒介企业更容易走向世界，例如：韩剧推介会、国际性质的游戏展会等；最后，媒介企业向海外拓展的前提是媒介产品质量的提升，韩国政府从人力资源、资金方面给予了媒介企业巨大的政策支持，使得媒介企业能够生产出高质量的文化产品，而这是文化产品走向海外的重要基础。

第三章　媒介融合时代主动扶持创意经济

2016 年 9 月，韩国前总统朴槿惠在 G20 峰会的宣言中强调："无论对各国而言，还是对全球而言，创新都是经济长期增长的重要动力之一。"① 可见，以内容为主的文化创意产业的发展受到韩国政府的高度重视。尤其在媒介融合时代，文化创意产业（在韩国被称为"内容产业"）的表现形式更加丰富多样，媒介技术的发展为文化产品的生产者提供了更加广阔的创作空间，创意经济愈加显现出生机与活力。

媒介融合一词最早出现于 20 世纪 70 年代。1978 年，麻省理工学院的尼古拉斯・尼葛洛庞帝就通过图例演示了不同工业正在趋于融合的发展框架。随着互联网技术的发展，到 20 世纪 90 年代中期，麻省理工学院的普尔教授指出各种媒介有正在渐趋一体化的发展趋势。美国新闻学会媒介研究中心主任 Andrew Nachison 将"融合媒介"定义为"印刷的、音频的、视频的、互动性数字媒体组织之间的、战略的、操作的、文化的联

① 朴槿惠在 G20 强调自由贸易、创意经济[EB/OL].(2016-09-06)[2022-05-16].https://overseas.mofa.go.kr/cn－zh/brd/m_1238/view.do? seq＝741725&page＝7.

盟”[①]，他强调的“媒介融合”更多是指各个媒介之间的合作和联盟。喻国明教授认为，媒介融合是指报刊、广播电视、互联网所依赖的技术越来越趋同，以信息技术为中介，以卫星、电缆、计算机技术等为传输手段，数字技术改变了获得数据、现象和语言三种基本信息的时间、空间及成本，各种信息在同一个平台上得到了整合，不同形式的媒介彼此之间的互换性与互联性得到了加强，媒介一体化的趋势日趋明显。[②] 综上所述，国内外的学者对于媒介融合概念的表述都存在一个共性——媒介与媒介之间的界线变得越来越模糊。

“创意经济”的概念最早由英国提出，英国也是世界上第一个通过政策推动创意产业发展的国家。1997 年布莱尔政府上台后，创立英国文化、传媒和体育部（DCMS），内设创意产业工作组（Creative Industries Task Force），大力推进创意产业。随着全球化的发展，国家软实力竞争日益激烈，文化与创意产业的发展已然成为一个全球性的热门话题。在联合国贸易和发展会议（UNCTAD）关于创意经济的定义中，创意产业被划入创意经济的概念中，世界创意经济之父——约翰·霍金斯在《创意经济》一书中，强调了互联网在创造、分享、传播、商品化并出售好点子的过程中所扮演的角色。[③]

自 1998 年推行“文化立国”政策以来，在韩国政府的大力扶持下，文化产业成为国家的支柱产业。近 20 年来，韩国已经成为仅次于美国、日

① QUINN S. Convergent journalism: the fundamentals of multimedia reporting[M]. New York: Peter Lang, 2005:94.

② 喻国明.传媒经济学教程[M].北京：中国人民大学出版社，2009:272.

③ 霍金斯.创意经济：如何点石成金[M].上海：三联书店，2006:1-4.

本的文化强国，是全球互联网最为发达的国家之一，在媒介融合与创意经济蓬勃发展的大背景下，其文化产业散发着一股全新活力。在韩国，虽然经济、市场、消费者对文化产业发展的影响越来越大，但是政府依然在媒介融合与创意经济的道路上起着关键性的引导和推动作用。

第一节　支持动画产业

受本国市场规模的限制，韩国动漫公司的体量普遍较小，并呈现分散化的趋势，因此难以培育出能与美国的迪士尼、日本的东映动画等匹敌的大型动漫公司。韩国的动漫产业与中国一样深受美国和日本的影响。受制于美、日动漫产业的韩国动漫产业多年来从事外包工作，例如：动漫作品中背景部分的绘制工作，等等。因此，韩国政府不断出台各种政策来扶持本土动漫动画的创新与制作。同时，运用"一源多用"（One source-multi use）[①]的策略，将动漫产业与本国相对发达的网络、游戏等相关产业相结合，在为美、日企业代工的同时走出了属于自己的道路。

韩国的动漫产业分为两个部分：一是动画产业，二是漫画产业。本部分将集中梳理韩国动画产业的发展现状并围绕韩国政府对动画产业的支持政策进行分析。

韩国动画产业的发展主要体现在以下几个方面的数据：动画产业企业数量、从业者数量、产业销售额、附加价值（衡量企业在经济上对社会贡献大小的指标）、产业输出输入额。据调查，2015 年韩国动画产业中的企

---

① 具体政策表述可见韩国文化产业振兴院想象发展所 2013 年 1 月 22 日的报告《挖掘 OSMU》，https://koreancontent.kr/1288。

业数量为376家,从业者达到了4728名。动画产业中的企业数量由2011年的341家增加到2015年的376家,年平均增长率2.5%。销售额从2011年的5 286亿韩元增长到2015年的6 102亿韩元,年平均增长率3.7%。2015年附加价值额与前一年相比减少了1.6%,年平均减少率0.6%。从以上的数据可以发现以下几点。第一,在4年时间里动画企业与从业人员数量呈增长趋势。这说明一方面动画产业在持续发展,对社会经济的贡献值在不断上涨;另一方面,企业数量的增长也意味着企业的平均规模在下降,导致了规模经济的损失。一般来说,企业数量的增加应与从业者人数的增加呈现出正相关。从积极的方面看,不断地有新鲜的血液注入动漫产业,这说明注重内容创新的韩国文化产业正朝着更加多元的方向发展。第二,韩国动画产业销售额增长了,文化产业市场占有率增加了,而市场增长率是衡量产品发展潜力的重要指标。由此看来,韩国的动画产业发展势头强劲。第三,哈佛大学出版的《企业管理百科全书》指出,附加价值是企业通过生产过程而新增加的价值;或者是从企业的销售额中扣除供生产之用的原材料成本,也就是企业的纯生产额。从这个角度来看,附加价值是在企业生产过程中创造的,是销售价格减去纯材料成本的数额。韩国动画产业的附加价值增加,也就是说动画类产品生产过程中的成本减小了,这可能与动画产业链的完善或者政府的扶持政策有很大的关联。随着媒介融合时代的发展和新媒体的登场,韩国国内的动画产业正迎接新的未来,这与电视台收视率下降和从业者减少带来的不安心理形成鲜明对比。动画产业凭借多样的生存方式保持持续的增长势头,企业和从业者不断增加,因此政府也增加了对该产业的扶持与管理。

韩国动画的产业化道路早已成为韩国各方的共识，因此政府也从产业化的角度援助动画产业。在融合的态势下，各国的文化产业形成了各具特色的动画产业推广模式，如日本依靠漫画推广动画，美国依靠电影推广动画，而韩国则依靠游戏推广动画。在媒介融合的背景下，韩国政府除了与动画企业合作，还对其研发、制作、资金、技术、人才培养等方面进行全面的援助。本文以韩国援助动画产业的三个机构为基点，探析韩国政府对动画产业的支援策略，并分析动画产业在媒介融合背景下的成长与表现。

一、韩国文化产业振兴院

2009 年，为了更加高效地支援文化产业的振兴与发展，韩国成立了韩国文化产业振兴院。依据《文化产业振兴基本法》第 31 条规定，该机构由韩国广播影像产业振兴院、韩国文化产业振兴院、韩国游戏产业振兴院、文化产业中心、韩国软件振兴院、数字化文化产业团合并而成。[①] 韩国文化产业振兴院是为了提高本国动画竞争力而设立的机构，2012 年至 2016 年的 5 年间，共提供了 556 亿韩元的预算援助。韩国文化产业振兴院主要致力于挖掘优秀的国产动画，在动画制作、剧本企划开发、样片、新媒体、短篇作品、动画推介播放、节目制作、海外出口、亚洲动画峰会和参与海外展示市场等方面给予援助。

（一）援助韩国动画制作（正片）

由于韩国动画市场中主流的动画类型发生了变化——从婴幼儿动画

---

① 韩国国家法令信息中心.文化产业振兴基本法[EB/OL].(2017-07-26)[2022-05-17].https://www.law.go.kr/LSW/eng/engLsSc.do? menuId = 2&query = GAME% 20INDUSTRY% 20PROMOTION%20ACT#liBgcolor10.

向其他类型动画发展，因此韩国文化产业振兴院对于动画产业扶持的侧重点也发生了转向。风靡一时的以 *Pororo* 为代表的婴幼儿电视动画曾受到民众广泛喜爱，这导致韩国动画产业朝着低龄化方向发展。但是近年来，喜剧系列动画（如《爆笑虫子》）和国产影院动画（如《走出院子的母鸡》）获得了成功，这为韩国动画的发展开辟了更多的路径。

图 3-1 《爆笑虫子》

在此背景下，从 2014 年开始，偏重幼儿动画风格的韩国动画市场渐渐发生变化。为增强韩国动画产业的全球竞争力和影响力，韩国政府将动画内容分为以学前儿童（1—6 岁）为受众的“幼儿用”和以小学生及以上年龄层人群为受众的“家庭用”，分别给予援助，并且越来越注重对“家庭用”动画的援助。

（二）援助动画剧本企划开发

援助动画剧本企划开发主要是围绕从事原创动画剧本创作的公司和个人而展开的。2015 年援助了包括 Picto 工作室的《手镯学院》在内的 5 部作品；2016 年援助了包括 Piksyeo 艺术工场的《空间遥控》在内的 5 部作品。

（三）援助动画样片

援助动画样片制作主要是通过援助企划阶段动画样片制作，以吸引国内外投资，为制作正片做准备。2015年援助了包括Studiob的《红帽子彰彰》在内的8部作品；2016年援助了包括胶片动画片《动物园儿童的冒险》在内的7部作品。

（四）援助动画自由视觉制作

这是2016年展开的新事业，主要是通过细分企划开发阶段，缩小企划阶段和正片的差距，从而吸引国内外的投资者。2016年援助了李代熙动画工作室的《零压力》。

（五）援助动画短片制作

援助动画短片制作主要是为了确保优秀创作人员的创作多样性，也为扩大国产动画的基础制作费用。2015年援助了包括Dolgot工作室的《狮子面具》在内的12部作品；2016年援助了包括Grape Imageworks的《德瑞》在内的12部作品。

（六）援助新媒体动画制作

援助新媒体动画制作是2015年新出现的援助项目。项目是顺应新媒体环境发展的趋势而出现的，改变了以往只有在电视台、影院放映的动画才能得到援助的情况。2016年，也增加了对VR作品制作的援助，为确保作品的多样性，援助了3部作品。

（七）援助优秀动画制作

韩国援助优秀等级的动画制作是在学习法国、加拿大等发达国家的自动援助制度后，于2016年新建立的事业，主要是为了帮助那些已经制作出动画（包括电视版和电影版）并顺利上映流通的优秀企业能全身心投入下一项目（新策划，续集等）而设立的。2016年援助了包括罗伊视觉的《罗伊的消防安全故事》在内的3部作品。

(八)援助制作宣传国产动画的节目

该援助事业是援助制作为了确保国产动画能走向观众并产生普及效应而制作的专门介绍国产动画的宣传片,此片通过电视台来播放。2016年相关机构策划了一档这样的节目,节目于2016年10月8日至2017年4月播出,每周六中午12点30分都会在KBS-1播放30分钟的内容。

(九)创设亚洲动画峰会

亚洲动画峰会(Asian Animation Summit)是从2012年开始举办的,主要目的是促进亚洲国家间的动画合作及招商引资。目前由韩国的KOCCA、马来西亚的MDec、泰国的SIPA、澳洲的Screen Queensland 4家公司共同运营。韩国国内有6家企业被选定参与运营,并通过与国内主要电视台和投资公司的合作,援助生产阶段的项目。

(十)援助国内动画产业的海外输出

为促进韩国动画的海外输出并提高产品知名度,韩国文化产业振兴院援助了动画产业的海外输出。韩国在4个区域(亚洲、欧洲、中南美、北美)的5个主要市场中加强对韩国联合馆[①]的运营进而开拓海外市场,提高国内生产企业的知名度。为此,在2015年举行的Kidscreen Summit(美国,2015.2.23—2.26)、MIPTV(法国,2015.4.13—4.16)、CICAF(中国,2015.4.28—5.3)、MIPCOM(法国,2015.10.5—10.8)、MIPCancun(墨西哥,2015.11.18—11.20)等活动中,约90家企业参展,进行了1300例左右的输出商谈。在2016年开展的Kidscreen Summit(美国,2016.2.8—2.11)、MIPTV(法国,2016.4.4—4.7)、CICAF(中国,2016.4.27—5.2)、MIP-

① 韩国联合馆由韩国三家主流电视台(KBS、MBC、SBS)、CJ娱乐(CJ、E&M)等韩国广电内容制作及发行公司组成。

COM(法国,2016.10.17—10.20)、MIP Cancun(墨西哥,2016.11.16—11.18)等活动中,约90家企业参展,进行了1 200例左右的输出商谈。[①]

综上所述,韩国文化产业振兴院近年来对动画的开发与制作和宣传与输出这两方面进行了援助。在开发与制作方面,援助的动画类型更为多元,援助重心也发生了转变;同时,鼓励原创,注重对原创公司与个人的援助,意图走出为美、日代工的原有产业格局;对于动画质量的要求不仅体现在正片部分,更通过强调企划过程中的细节,保证动画制作的整体高标准;此外,不仅援助影院动画电影,而且兼顾短篇动画,这与鼓励原创与多元的目标是一致的,进一步丰富了韩国动画市场;新的技术也给动画产业的发展带来了新的契机。援助VR动画可以说是对动画制作新技术的尝试。在宣传与输出方面,韩国已经意识到动画样片的重要性。制作样片的目标直指开拓国际市场、拉动招商引资、促进海外输出;在韩国动画市场越来越丰富的同时专门开设了动画宣传节目以提升国内民众的认同,从而扩大国产动画的受众范围;开展亚洲动画峰会、进行输出商谈、加强与其他国家的合作都旨在提高韩国动画在世界的知名度和影响力。可以说,韩国文化产业振兴院的各项援助,体现出整体性、高标准、技术性的特点。

二、首尔动画中心

首尔产业振兴院动画部(1999年5月设立,简称首尔动画中心)主要对四大文化产业即动画、漫画(网络漫画)、角色形象和游戏产业的发展和

---

① 韩国文化产业振兴院.国内放送动画抓住了“MIPCOM2016”[EB/OL].(2016-11-01)[2019-09-23].http://www.kocca.kr/cop/bbs/view/B0000138/1831634.do? menuNo=200831.

文化产品的成功发掘与养成提供各种援助。特别是通过对文化产业系统的核心即优秀文化产品的稳定创作的援助，努力为有发展前景的企业寻求发展机遇，助其进入海外市场，为产业的良性循环创造有利的平台。

首尔动画中心所涉及的事业领域包括：①新文化产品的创作和以发掘优秀创作人才为目标的援助事业；②为优秀产品打开国内市场而举办的展示会、洽谈会；③为提高国内动画作品的完成度，运营并管理专门进行后期创作（高清影像编辑、录音编辑）的工作室和提供角色形象原型相关创意以及可以进行3D打印的创作室；④针对有实力的动画企业，提供共享的企业入驻空间——“创作援助室”。

（一）开发制作和援助

首尔动画中心为了发掘具有全球竞争力的优秀文化产品，与电视台等战略伙伴展开了一些联合事业，例如首尔动画中心协同SK宽带、KBS对电视长篇动画的制作进行援助。借助合作方的力量，通过稳定的播放渠道，实现更好的宣传和援助。另外，为了发掘动画人才，首尔动画中心也援助有独特创意的作品和动画创作团队。

首尔动画中心为发掘和培养具有全球竞争力的动画产品，在制作费用和技术方面都有援助。例如通过技术援助室给予受援助项目的后期影像和声音编辑费用50%的折扣。为了实现产品商业上的成功，首尔动画中心也通过参加国内外的展会来寻求海外资本和联合制作等多种商业机会。

首尔动画中心的开发制作援助事业还包括对长篇动画的开发（“动画综艺”SK宽带，KBS）、影院长篇动画制作、特别企划的制作以及为了发掘创作人才而进行的短篇动画制作和自由创作的援助。

1.长篇动画开发：动画综艺

长篇动画开发制作援助事业（动画综艺，电视系列）主要是针对制作、后期、营销等一系列活动和以电视放送为目标的动画产品提供的共30亿韩元的制作援助。

相关的援助事业每年援助2部作品，约15亿韩元，对于可能成功的作品也会予以援助。另外，在KBS和SK宽带的合作下，制作完成的动画作品会在合适的时机放送，这有利于尽快变现、产生利润。

2.长篇动画开发：影院动画

由于韩国国内电影市场对处于上升期的文化产业的重要性缺乏认知，外国文化产品依然占据韩国电影市场的绝大部分市场份额。首尔动画中心通过援助影院动画的开发与制作，使创作者能够专注于创作，客观上也构建了一个良好的发行环境。特别是在2015年，为了摆脱以援助基本制作为主的方式，首尔动画中心与Megabox电影中心、MOU合作，积极地援助发行、上映和宣传，获得了一定成果。

相比于2014年，2015年对动画的开发制作援助费用虽然有所减少，但由于使用了首尔动漫推介会（Seoul Promotion Plan，SPP）等内部产业平台，首尔动画中心为动画产业找到风险投资及与国内主要投资者联网的机会。

3.长篇动画开发：对特别企划的制作援助

首尔动画中心希望通过开发和制作以首尔的历史和旅游胜地为素材的亲民型动画，提升首尔的形象亲和力以及首尔的品牌价值。首尔动画中心也希望通过开发制作此类动画促进国产动画的多样化与活化[①]，并拉近与观众之间的距离。

首尔动画中心以既能在电视播放又可以制作特辑的动画作品为援助对象，2015 年提交了 9 篇申请书，使得每 3 部作品中就有 1 部作品得到援助，希望被选定的高质量新作品在完成以后可以打破低收视率的困境，进而发展多元文化产品。

4.自由创作者的援助和扶持

动画自由创作援助事业主要是对制定产品的商业概念、制作企划等动画制作的前期工作进行援助。也包括对初期的剧本、设定的动画形象、分镜本等方面的援助。同时还为自由创作的企划者、作者等团队成员提供帮助。可以说，在动画正片制作之前提高企划的完成度并创造投资和商业机会对于动画生产主体来说是一个非常重要的阶段。2015 年首尔动画中心共选出了 3 篇企划案，同时为了突破以往以电视长篇动画为主体的局面，增加了对影院动画的援助。

5.短片动画的开发和制作

对动画短片制作的援助是为了发掘全新和个性的产业内容，增强动画的多样性并发现新的创作人才。首尔动画片中心认为，新的创作人才是构建并发展可持续的产业环境的重要基础。

为了实现人才发掘的目标，2015 年首尔动画中心支持与援助文化相关的电影节，除了给予既定的 56 部动画短片的制作支援外，还特别选定了与首尔市政相关的 3 部动画短片进行支援，以便大家能更好地理解首

① 活化：即重新赋予国产动画文化意义或者使用场景，重新融入现代生活。

尔的市政工作。

(二)市场援助

首尔动画中心为了向首尔市文化企业提供实质性的商业机会，加强产业内容的全球竞争力，正在持续进行包括首尔动漫推介会(SPP)在内的海外进军援助事业。

作为亚洲的核心市场，每年7月举办的SPP正处于成长过程中。2016年共有22个国家的292家企业参加，有1 711项输出贸易洽谈成功，创造了约22 308万美元的纪录。首尔动画中心通过SPP这一平台邀请海外有实力的进口商到韩国国内进行输出和投资方面的商讨，从而实现了国内文化内容产业的持续成长和发展。另外，根据动画和漫画相关事业向全球发展的趋势，通过提供资讯信息，投资机会的内容IR等网络项目，更广泛地援助文化内容产业。

此外，首尔动画中心为使国内企业向中国市场进军，每年都会和大韩贸易投资振兴公社(KOREA Trade-investment Promotion Agency，KOTRA)共同举办韩中动画商务洽谈会，同时也鼓励并援助韩国企业参加每年12月举办的新加坡亚洲电视论坛(Asia Television Forum & Market，ATF)。

(三)专业技术和基础设施援助

首尔产业振兴院的动画部技术援助室是面向全球的后期摄影棚，运营着7个影像工作室、4个音响室、1个时事室、1个角色室。

这个技术援助室负责国内动画创作80%以上的后期制作，可以说是国内动画的摇篮。其援助对象主要是与动画、电影、广播电视、音乐、角色形象等文化内容相关的企业及个人等，同时，也给所有的文化产品全程提供技术援助和咨询服务。

影像工作室由7个部门组成，从HDSR4:4:4录音到模拟S-VHS，配备了能够支持所有媒体的设备。此外，还配备了数字文件转换、QC管理、发行等对应所有格式的设备。动画片合成、字幕制作等与影像相关的所有内容，以及UHD、AR/VR、Pre-Vis、Reder Farm、CG/VFX等具备4k/8k操作可能的设备也名列其中。

音响室由环绕工作室和可以录音的工作室构成，它们配备了能够实现高质量的后期音响制作的Dolby7.1.4全景声设备。音响室不仅可以使不同格式的数码文件转换成为可能，从而进行ADR配音、自由制作、伴奏设计等，还可以进行歌唱配音和乐器演奏等活动。

在角色工作室，现有技术条件下的3D打印设备可以从事角色形象的商品化的工作，同时，还提供3D设计、3D印刷、上色、复印等方面的设备。

(四)全球性动画小镇的建设和运营

为了在韩国南山一带建立充满创意和乐趣的国际动漫城，首尔动画中心正在打造创意企业产业园区，确保多样市民文化空间的运营和高水平推进。打造动漫城的第一阶段事业就是打造从明洞到南山的漫画街(趣味路)和漫画博物馆(趣味廊)；而第二阶段事业则是重建工作，旨在将首尔动画中心打造成动漫城的枢纽。

三、京畿文化产业振兴院

京畿文化产业振兴院(GCA)成立于2001年8月，目的在于振兴京畿道的文化内容产业。该机构设在富川地区，其目标与富川市五大战略事业中的推进漫画和影像产业的发展方针相契合。在设立初期，京畿文化产业振兴院主要以漫画、动画、角色形象题材作为实施援助的重心，从2005年开始涉及动画以外的电影、游戏、广播电视、知识信息等方面的援助。2012年至今，为了打造京畿道的文化产业园，京畿文化产业振兴院还对安阳、板桥、光桥、议政府地区进行了创业培育的援助。以2015年为例，京畿文化产业振兴院与动画相关的援助事业大致可分为投资和制作援助、金融援助、入驻空间和设备援助、出口援助、人才培养援助、地区庆典援助、扩大文化基础等。

(一)投资和制作援助

2015年，为了挖掘可能在全球市场中获得成功的动画，新建立了投资项目援助事业——"神话创造计划"，并给予两部电视系列动画(《小火车奇奇》和《在丛林中生存》)共59 000万韩元的投资。2015年，为了扶持动画制作企业，京畿文化产业振兴院参与了韩国漫画影像振兴院开展的"网络动画制作援助"项目投资，并向8部网络动画援助了1亿韩元的制作费。

(二)金融援助

自2010年始，为了给京畿道的小型文化内容企业提供援助和资金保障，京畿文化产业振兴院实施了特例保障的策略。京畿文化产业振兴院与以京畿道为中心的4个市(城南市、富川市、高阳市、安阳市)、京畿信用担保财团、信用保证基金京畿分部等合作方协商，以准备创业者、创业企业等为对象进行了援助。与一般担保相比，其审查程序相对宽松，并给资产在5亿韩元以内的企业发放了保证书。2015年，动画企业得到的担保次数为2次，担保金额为5 950万韩元。2016年，为了扩大受惠企业的数量,其援助范围从京畿道的 4 个市/郡扩大到了 24 个市/郡。受到特别担保的企业还可以享受到市场和运营咨询方面的援助。

(三)入驻空间和设备援助

2002 年富川市就开始推进有关提供入驻空间和设备的援助。与周围土地市场行情相比,援助大大减轻了企业的租赁费负担,仅需缴纳 1/2 的保证金和 1/4 的租金。到 2015 年 12 月,在入驻的 72 家企业中,漫画、动画、角色形象领域的入驻企业有 29 家(占到 40%)。除了提供优惠的运营空间,京畿文化产业振兴院还为入驻企业提供技术教育、投资及市场营销等多方面的援助。由 NLE 编辑室和转换厅、输出输入室组成的公用设备室也在运营中。另外,不仅仅是富川,板桥、光桥、议政府也在运营公用设备并提供援助。目前,基于各大电视台更多地使用数码而非胶带的原因,2016 年上半年使用公用设备的情况有所减少。

(四)输出援助

2012 年京畿道为了强化文化企业的全球影响力、开拓新市场、扩大销路,建立了输出援助中心以提供一站式的文化产业输出援助服务。2015 年援助了漫画、动画、角色形象领域的 53 家公司,实现大约 1 364 万美元的输出预算。

2016 年,京畿文化产业振兴院又大力推进文化市场的参与援助、法律和翻译援助、全球性项目援助等事项,并举办了专门的文化内容输出商谈会,例如参加中国义乌文化商品博览会、中国国际动漫游戏博览会、新加坡亚洲电视论坛以及韩国国内的首尔卡通展示会等。2016 年上半年援助了京畿道漫画、动画、角色形象领域共 32 家企业,实现大约 1 816 万美元的输出预算。

(五)人才培养

为了强化文化产业从业者的专业性、提升创业能力、提高青年就业率,京畿文化产业振兴院正在推进以特色高中教育、专科学校、产业从业人员为对象的教育事业。

2014 年京畿文化产业振兴院创办了"京畿文化产业青少年创造学校",2015 年以 4 个市/郡、2016 年以 8 个市/郡为对象进行了特色化教育的运营,主要是通过创意研讨会、与项目密切相关的实践型教育来推进文化产业人才的培育。京畿文化产业振兴院以培养创造力和实践能力兼备的创新人才为目的,在河南市(韩国动画高中)、安山市(韩国数码媒体高中)、高阳市(京畿影像科学高中)、华城市(弘益设计高中)等 8 个市/郡实施相关教育。除此之外,京畿文化产业振兴院通过与首尔艺术大学(影像学部)、富川大学(影像和游戏学科)等合作,借助京畿文化产业就业指导的援助来运营相关项目。

(六)地区庆典援助

为了提高动画产业的活力,京畿文化产业振兴院分别向富川国际动画节、高阳动画文化节提供了 1 亿 2000 万韩元和 4000 万韩元的援助资金。

(七)拓展文化产业的影响

京畿文化产业振兴院以老年福祉会馆和地区儿童中心等观影机会较少的地区为对象,开展京畿影像分享计划,2015 年,向这些地区的 5 000 余名居民提供了《冰雪奇缘》等三维动画作品的 95 场次的放映分享机会,2016 年上半年,向这些地区的 7 500 余名居民提供了《疯狂动物城》等动画作品的 96 场次的放映分享机会。

第二节　扶持外销型文化内容产业

韩国文化产业主要包括动画、漫画、卡通形象、游戏、音乐、电视、电影等产业。随着数码技术的兴起，文化产业的范围已逐步拓展到电子书籍、互联网信息和手机内容等具有高附加值和高增长潜力的领域。受金融危机影响，韩国文化产业在2008年和2009年的增长速度虽有所放缓，但仍在增长。2009年，韩国政府开始加强对文化产业的支援。政府和企业增加了对文化产业的投资，特别是将扶持重心放在了开拓海外市场方面，并将文化产业确立为绿色增长产业和经济增长的主要动力。2010年初，韩国文化部公布《韩国文化产业内容振兴政策》，规定由文化部规划和管理各个部门制定的文化产业政策；为强调文化产业振兴院的重要性，政府决定设立共同支援文化产业的综合性组织委员会。[①] 2010年，文化产业振兴院完成200个项目，政府预算为2000亿韩币；主要采用政府公共基金投资、100％使用国家预算或官方和民间共同投资的方式扶持文化产业；坚持内外并举，积极开拓国内、国际文化市场；以面向市场、增强活力为原则，建立健全文化产品市场和文化要素市场，注重培育城乡文化市场，逐渐构建现代文化市场体系，积极发挥市场在文化资源配置中的基础性作用，推动文化产品和生产要素合理流动；同时，积极主动地开展对外文化交流，大力培植"文化名牌"，打入国际市场，加强以文化流通为主的现代流通组织和流通形式，拓展对外文化贸易渠道和网络。

---

① 明春燕.韩流竞争力：一个文化出口大国的政策样本[N].21世纪经济报道，2010-07-12(16).

韩国的文化产业十分注重对文化内容的建设和发展。2008 年 12 月发表的《文化蓝图 2012》最能体现这一特点。这个文化蓝图以将“大韩民国”建设成为一个“有品位的文化国家”为目标，一个具体表现就是：以内容实现富有的国家。① 然而，受到韩国市场条件和环境、文化产业资金、技术、人才密集等的限制，韩国的诸多内容产业都需要走外销型的产业化发展道路。仅仅靠本国的市场，文化产业带来的收益十分有限。从韩国政府对动画产业的援助情况来看，促进文化产品进入国际市场、推动全球化的产业合作、提高韩国文化的国际影响力，已经成为韩国建设文化内容产业的长远目标，且具有相当高的稳定性。韩国文化内容产业的整体走向是外销型的，因为只有走向国际市场，这些文化产品才能产生更大的经济价值。通过观察 2010—2014 年间的文化内容产业出口状况，我们基本上可以将韩国的外销型文化内容产业主要锁定在出口比重占整个文化产业出口额靠前的几个类型上（见表 3-1），即游戏、音乐、广电、商品化人物、出版这五个方面。根据这五个产业的影响力以及受众的接受程度，本文选取游戏、音乐、广电这三个产业作为分析对象。

表 3-1　韩国文化内容产业出口额②　　（单位：千美元）

产业领域	2010 年	2011 年	2012 年	2013 年	2014 年	2014 年同比增速	2014 年比重
出版	357 881	283 439	245 154	291 863	247 268	－15.30％	4.70％
漫画	8 153	17 213	17 105	20 982	25 562	21.80％	0.50％
音乐	83 262	196 113	235 097	277 328	335 650	21.00％	6.40％

① 文化体育观光部.2008 文化政策白皮书[M]. 首尔：文化体育观光部，2008：2.

② 韩国文化内容振兴院.2014 内容产业统计[M]. 首尔：韩国文化内容振兴院，2014：72；韩国文化内容振兴院.2015 内容产业统计[M].首尔：韩国文化内容振兴院，2015：76.

续表

产业领域	2010 年	2011 年	2012 年	2013 年	2014 年	2014 年同比增速	2014 年比重
游戏	1 606 102	2 378 078	2 638 916	2 715 400	2 973 834	9.50%	56.40%
电影	13 583	15 829	20175	37 071	26 380	−28.80%	0.50%
动画	96 827	115 941	112542	109 845	115 652	5.30%	2.20%
广电	184 700	222 372	233821	309 399	336 019	8.60%	6.40%
广告	75 554	102 224	97 492	102 881	76 407	−25.70%	1.40%
商品化人物	276 328	392 266	416 454	446 219	489 234	9.60%	9.30%
知识情报	368 174	432 256	444 837	456 911	479 653	5.00%	9.10%
内容加工	118 510	146 281	149 912	155 201	167 860	8.20%	3.20%
合计	3 189 074	4 302 012	4 611 505	4 923 100	5 273 519	7.10%	100.00%

一、游戏产业

1998 年，金大中政府提出文化立国战略后，韩国开始把游戏作为一个独立的产业，[①]这个阶段的游戏产业政策还是以保护青少年为出发点。1999 年游戏产业开始拥有独立的制定和执行政策的机构，此后，游戏产业得到政策的重点扶持。从 1999 年到 2005 年这段时间内，韩国政府的文化立国战略的宏观理念逐步影响到具体的游戏产业政策，游戏产业作为支柱产业，也在政策的拉动下取得了长足的发展。在理念向政策过渡的时期，韩国政府在游戏产业政策方面做了以下的工作：制定并反复修订《唱片、录像物及游戏物相关法律》，设立游戏产业振兴中长期计划，根据相关游戏产业政策转换游戏产业主管部门，设立专属的机构，设立游戏产业振兴基金会，落实电子竞技项目、游戏内容相关制度，实施兵役指定企

① 姜洪民.韩国文化产业特色[J].企业改革与管理，2010(1)：65.

业推荐制度，实施国家级技术资格制度。此时，韩国的游戏产业已经成为其文化内容产业中的支柱产业，并且有产业发展的中长期计划，计划还涉及“扩大海外市场”，从2003年开始，韩国的游戏产品逐步出口到中国市场。但是这段时间韩国政府还将更多的注意力放在了游戏产业的产业化建设、人才建设等方面。

2006年以后，整个韩国政府和社会开始反思游戏产业发展带来的社会问题和负面效应。韩国政府开始加强对游戏产业的监管，总结上一个阶段游戏产业的政策制定和执行效果，反馈到新阶段的政策中去。具体看来，游戏产业政策在2006年后的主要完善措施如下。

（一）制定《游戏产业振兴相关法律》

为了进一步振兴游戏产业，加强游戏产业对互联网环境的适应性，培养游戏产业成为国家出口的战略产业，2006年4月韩国国会制定并通过了《游戏产业振兴相关法律》。这部法律是世界上第一部专门针对游戏的独立的法律，也是韩国文化创意产业里面唯一单独立法的产业，可以说它从政策方面奠定了游戏特别是健康游戏文化的重要地位。《游戏产业振兴相关法律》由游戏产业的整体振兴、游戏文化振兴和等级分流等三部分构成。

（二）第二次革新的游戏产业中长期计划

韩国游戏产业第一期中长期计划时间是从2003年至2007年，虽然前期取得显著的成就，但是由于后期发生赌博事件，社会对游戏产业的负面印象加重，因此政府实行了更加严格的管制。同时，随着欧美对韩国市场的出口增长、中国游戏产业的崛起，韩国的游戏出口也变得更加困难。于是2008年韩国政府出台了第二期中长期计划，旨在克服当时韩国游戏产业内忧外患的局面，故而命名为“第二次革新”（the Second Revolution）。“第二次革新”计划通过全新的产业政策打造全新的游戏市场，设定了具体的七大战略方向，即：

(1)加强全球市场的战略性出口，强化出口的全球性支援；

(2)保障未来型创意人才和先导技术；

(3)优化流通环境保证其在世界范围内的先进性；

(4)充分打造“次时代”游戏制作基础，设立“全球游戏综合中心”，集中开发“次时代”游戏创意；

(5)创造多元而又深远的游戏文化价值，提出“游戏素养”以打造游戏文化概念；

(6)设立国际电子竞技联盟以继续加强和巩固韩国在世界电子竞技的先导地位；

(7)进一步融合环境、政策、制度，如匹配变化中的媒体环境和流通环境。

（三）《电子竞技中长期发展计划(2010—2014)》

韩国在《电子竞技中长期发展计划(2010—2014)》中设定了以下目标：

(1)打造更完善的基础设施，使得电子竞技可以持续发展并得以不断推广；

(2)强化韩国电子竞技的全球领导地位，架起与游戏产业之间的桥梁；

(3)革新“电竞”模式，将“韩国总统杯全国业余电竞大会”品牌化。

（四）功能性“交互式”游戏开发支援政策

虽然韩国的网络游戏风靡全球，但是街机和单机游戏的份额却很小，这导致其游戏市场的总体规模不大。由此可见，韩国的功能性游戏市场还处于初创期，还有很大的市场开发潜力。因此，韩国需要改善以网络游戏为主的单一产业结构模式，开发其他游戏平台，鼓励功能性游戏领域的投资。2009 年韩国政府提升了功能性游戏开发的战略地位，加大对功能性游戏的投入力度，例如：与国际机构合作，开发与气候变化相关的功能性游戏；与教育部合作开发双向学习项目（U-learning）。可以说，功能性游戏正在改变游戏的社会认知，这对于扩大游戏玩家的年龄层有着重大的意义。

（五）成立游戏产业战略委员会和游戏文化财团

为了进一步振兴游戏产业，韩国政府于 2005 年设立了游戏产业战略委员会，旨在为实现各种游戏的开发和应用奠定基础。游戏文化财团和游戏痴迷治疗中心则是为了宣传游戏文化和治疗游戏痴迷者而建立的，以实现社会公益为最终目的。

（六）构建健康的游戏文化

2008 韩国开始实行游戏素养政策。2009 年逐步开展绿色游戏运动，试图通过培训和教育青少年游戏玩家改善社会对游戏产业的负面认识。这些活动的目标在于教育青少年正确解读游戏特性，区别现实生活与网络世界，理性而有节制地使用游戏。之后，韩国又出台了"到此为止制度"（Shut down）、"灰姑娘法"、"停一停制度"（cooling off），并将具体政策转化为教材，以巩固这些活动的成果。

（七）成立全球游戏综合中心（Global Game Hub Center）

韩国创意振兴院于 2009 年 6 月成立了"全球游戏综合中心"，主要目标为：加强对基础设施的建设；加大对不同形态的游戏创意的开发和解决方案的支持;为游戏出口建立专门的服务平台;为中小游戏企业的孵化体系奠定基础。

二、音乐产业

在韩国流行音乐产业中,娱乐经纪公司是音乐产品的来源,是艺人发展演艺事业的基础。挑选练习生、艺人歌手的培训包装、与音乐制作人签约、唱片和网络音源的发行与定价、通过营销渠道安排歌手参加节目宣传等都由娱乐经纪公司一手包办。韩国的娱乐经纪公司呈现出鲜明的寡头垄断结构。目前在韩国流行音乐市场中实力最雄厚也最著名的娱乐经纪公司为S.M.娱乐公司、YG娱乐公司和JYP娱乐公司。这三家公司几乎垄断了韩国流行音乐中最优秀的艺人资源。在不断演变及融合外来音乐的过程中,韩国流行音乐形成的一种新颖的自成一派的国际化曲风成为其音乐产品的标志性特色。数字时代的到来使传统音乐产业向数字音乐产业转变,但流行音乐产业的核心永远在于音乐本身。没有高品质的音乐,产业链再完整,销售渠道再开阔,都无法满足消费者的需求,也就达不到最终盈利的目的。在这一背景下,众包生产方式成为自媒体时代下的音乐传播特点,而这一特点在韩国流行音乐产业的音乐产品生产和传播中表现得尤为明显。众包生产指公司或机构把本应内部执行的工作任务,以自愿的形式外包给非特定的互联网络用户的做法,最大的特点就是用户会自发地参与。最成功的例子就是2012年“神曲”《江南Style》的视频传播奇迹。目前,韩国流行音乐的销售模式由以往的B2B模式转变为如今的直接销售给消费者的B2C模式。音乐产品被压缩成数字化格式,主要通过网络流通和销售渠道销售,而唱片生产包装、唱片实体店、宣传售后服务等中介环节都被大大省略。在成本降低的同时，利益的分配也产生新的变化。综上可知，韩国的音乐产业呈现出垄断性、国际化、民众参与程度高的特点。

在音乐产业振兴方面，韩国文化体育观光部于2009年发布了《音乐产业振兴中期计划》。政府注资1275亿韩元（约1亿美元）以推动韩国流行音乐的全球化与产业化、加强国际合作、活跃流行音乐的内需市场、扩充音乐基础设施等战略计划的实施。目前韩国音乐类型以偶像团体音乐为主。为了扩大音乐的多样性，韩国政府还确定新建2所独立音乐人音乐创作所以支持独立及非主流音乐剧等方面的发展。此外，韩国政府还通过改善相关政策与法律制度，加强音乐著作权的管理，提升音乐人的创作积极性，这也使得音乐产业的发展更为顺畅。对《著作权法》的两次修订与完善，一方面有力地打击了违法下载盗版音乐的问题，另一方面解决了数字音乐产业的收费体系与收入分配的问题。另外，韩国文化产业振兴院还将韩国历年的音乐资料整理成可以完好保存的音乐资料数据库。可见，韩国政府在资金和法律上的支持与协助保证了原创音乐产业的整体利益，使韩国音乐产业规模快速扩大，也加快了韩国流行音乐全球化步伐。

近年来，韩国为了进一步推进音乐产业的国际化道路，积极引进外资、寻求合作。与中国达成了诸多的合作项目：2016年，阿里音乐与韩国著名娱乐公司S.M.娱乐结成独家战略合作伙伴，并且阿里巴巴集团投资1.9525亿元人民币拿下了S.M.娱乐4%的股份；2016年2月19日—21日，JYP娱乐宣布与中国互联网音乐平台海洋音乐集团签署独家音乐版权合作协议，并共同投资成立合资公司开展新事业；2015年，乐视与韩国

LOEN娱乐集团达成整体深度战略合作协议。中韩双方在艺人经纪、艺人培养、数字音乐版权及在线流媒体服务领域展开深度合作。可以发现，中韩之间的合作主要体现在资金、模式引进和版权三个方面。

三、广播电视产业

韩国广电业主要包括韩国广播公司、文化广播公司和首尔广播公司三大巨头，三家呈鼎立之势。KBS为韩国公营广电集团，主要涉及电视和广播两大领域，节目放送范围覆盖韩国全国以及海外多个国家。MBC是韩国三大主流电视媒体之一，主要收入来源是广告，其制作的韩剧名扬天下，有“韩剧王国”之称。SBS则是韩国唯一的私营广电集团。韩国虽然大的电视公司只有三家，但彼此的竞争相当激烈，其中心战场就是电视剧。在“韩流”大规模席卷中国之前，最先进入中国国门的就是韩国的电视剧，它为韩国的文化内容产业的国际化之路开辟了道路。进入20世纪90年代以来，特别是90年代中后期，韩国政府开始在广电领域推行放松规制、增加行政透明度、扩大私营活动领域等政策，并围绕打破垄断和培育市场进行一系列结构调整，其中包括倡导制播分离、大力推进节目配额制、放宽有线电视经营、推动卫星电视广播，等等。这些都是韩国广电业面对时代潮流所做出的富有本土色彩的回应，也是韩国广电业在公共广播体制下进行市场结构调整的一次独特实践。

在韩国，广电领域实行公共广播与商业广播并存的双轨制度。建立这一体制经历了十分漫长而曲折的过程，是政府、社会与市场规律的特征相结合而建立起来的。20世纪90年代，韩国开放了私营广播电视以后，广播电视管理体制的改革和行业开放就没有停止过。根据1999年12月修订的综合《广播法》,广播业者被划分为地面、有线、卫星和频道四类经营者。特别是“频道经营者”的认定标准允许没有播出设施的节目提供商通过与其他公司签约使用特定频道或时段播出节目,这为更多人参与广播电视业提供了机会。该《广播法》对广播电视经营、广播委员会的职责、韩国广播公司的性质、受众权利保护等相关事项做出明确规定,向社会资本开放地面、卫星、有线和频道经营业务,并根据不同性质制定不同的审批程序。得益于这些开放政策,首尔广播公司、希杰媒体集团、韩国新闻网等商业媒体迅速发展起来,成为与韩国广播公司、文化广播公司并驾齐驱的媒体公司,极大地增强了韩国广播电视业的整体实力和国际影响力。

1991 年,韩国文化体育观光部制定了“独立制作公司节目义务播出时间比例”政策,旨在打破地面电视公司的垄断,培育电视产业基础,实现节目多样化,进而进军海外市场。此后,韩国政府逐步加大对制播分离的推广力度。1994 年韩国政府做出“电视台播出子公司节目数量限制在外购节目总量的 21%以内”的规定。1998 年韩国政府公布影视产业振兴对策,外购节目比例提高到 20%以上。2000 年韩国政府又要求黄金时间播出独立制片公司节目必须在 15%以上。从 1991 年至 2002 年,韩国一步一步将外购节目的比例从 3%提高到 33%,并要求到 2003 年必须达到 40%,此政策由于遭到地面无线台的强烈反对而被推迟到 2005 年。制播分离政策的实施,特别是播出比例的规定,为独立制作公司的发展创造了较大空间。

在积极推行制播分离政策的同时,韩国政府还为独立制作公司的发展制定了许多优惠政策。第一,向节目制作者廉价提供节目制作设施和设备,包括建设总面积超过 1.6 万平方米的节目制作大楼,其中,数字电视设备 2008 年的使用率达到 93%。第二，向中小企业提供资金援助，包括设立“电视振兴基金”“优秀样片支援基金”。从 2002 年至 2008 年共向 127 部作品提供了无偿资金支持，其中 72 部在电视台播出，31 部出口到海外。此外，还积极引导企业投资节目制作。第三，强化节目创作和制作基础，由政府部门（文化观光部）组织新媒体创意展，构建新媒体制作信息系统。第四，建立电视节目专业人才培养体系，通过举办各类培训班、开办网上课堂等形式培养节目制作人才。第五，加强韩国电视节目国际化推广，为韩国影视节目参与国际市场提供支持。第六，强化电视节目信息研究，为中小企业提供服务。

除此之外，韩国政府还统一了节目制作外包标准和认可范围，拟定“标准合同书”，引入“制作费用限制制度”，通过行政手段协助解决独立制片公司与电视台之间的矛盾等，以扶持节目制作公司发展。

根据韩国文化产业振兴院提供的数据，2009 年韩国共有电视节目制作公司 391 家，年制作节目 45 000 小时。在三大广播公司播出的电视剧中，外部公司的电视剧超过 70%。全国电视节目制作公司共有员工 4 724 名，拥有 50 名以上职员的大公司只有 17 家。上述情况说明韩国政府的各项扶持政策都取得了一定成效，但独立制作公司的总体实力仍有待进一步提高。

韩国政府对于广电媒体不仅有鼓励和援助，还有监管，这也是韩国广播电视产业得以顺利发展的重要保障之一。在媒介融合的背景下，媒体环境在数字化时代快速变化，这对媒体监管的政策、体制、机构及管理手段都产生了重大影响。一直以来，韩国的广电事业都由政府主导，但是随着社会的民主化改革，韩国政府对于媒体的管理模式由直接的政府干预逐渐向法制化管理过度，并根据市场规律进行调整。近年来，政府更是鼓励民众参与监督，提高自主监督的意识。例如，观众通过网站留言表达意见或者投诉，成为近年来监督媒体和管理机构加强管理的重要民间舆论力量。由于在技术和基础设施方面取得了成就，韩国大力推进数字多媒体广播业务。新的《广播法》允许进行卫星数字多媒体广播，并将原地面广播、综合性有线广播、卫星广播的分类更改为电视、无线电、数据和移动多媒体广播。该法令还放松了对国外投资的限制，使外国的资本可以参股或者投资于有线电视网和传统广播网，参股比例控制在49%以内。此外，自2005年以来，韩国政府逐渐放松了广播在政治宣传、播出时间、广告总量等方面的规定和限制。

第三节 为媒介企业的国际合作提供机会

韩国政府对媒介市场的控制与引导是通过控制和引导国内的大型企业实现的。那么，韩国的文化内容产业想要走向全球，媒介企业仍然是韩国政府最直接的发力点。但是，为了明确国际合作机会援助对象的范畴，就需要对“媒介企业”这一概念的内涵与外延进行深入分析。我们可以将媒介企业理解为“作为企业的媒介组织”①，从这个描述来看，媒介企业本质上还是媒介组织，但是它更加强调媒介组织的产业特性。作为企业的媒介组织不能等同于一般工商企业，因为它具有特殊的社会影响力。而它的这种独特性是由其媒介产品、生产和销售过程、媒介组织和受众之间

① 袁靖华.我国媒介企业愿景战略研究[D].杭州：浙江大学，2003:47.

的关系等方面的独特性决定的。与媒介企业高度相关的还有一个名词，即“媒介企业集团”[①]，媒介企业集团是企业集团的一种具体形式，具有单个企业所不具备的经济功能和雄厚实力。它的出现极大地促进了传播媒介企业的垄断和跨行业经营。媒介企业或者媒介企业集团的定义尚不明确，但是并不影响我们对这种新的现象的理解。从经济学角度看，媒介企业集团可以有以下三种形式：一是横向媒介企业集团，指以某种媒介为主，包括多种媒介或非媒介企业的多元化企业联合体；二是纵向媒介企业集团，指以某种媒介产品为主，包括多个同类媒介产品的企业联合体；三是纵横结合媒介企业集团，指以上两种类型的结合。从以上的分类和定义来看，媒介企业的概念非常宽泛，几乎涵盖了韩国文化内容市场的大部分企业。韩国最主要的媒介企业即为韩国广播公司、首尔广播公司、文化广播公司。因此，探讨韩国政府为媒介企业提供的合作机会，可从这三者进行的国际合作案例出发。本部分将从中韩合作的角度进行分析。

近些年来，大多数中韩媒介企业间的合作集中于韩国综艺节目的版权买卖，例如，中国的湖南卫视引进韩国文化广播公司的《爸爸我们去哪儿》的节目模式制作了中国版《爸爸去哪儿》；韩国文化广播公司电视台、灿星制作和中央电视台联合研发制作的《了不起的挑战》则引进自韩国文化广播公司电视台真人秀《无限挑战》；中国的江苏卫视引进韩国文化广播公司电视台的明星恋爱真人秀节目制作了《我们相爱吧》。此外，韩国的一些中小电视台还与中国的电视台达成合作协议并成为友好电视台。在新兴的文化创意产业这一部分，韩国在中国建立了多个文化创意产业

---

① 高红玲.西方媒介企业集团状况及我国媒介企业集团的发展道路[J].国际关系学院学报，2000(3):37.

园区的试点，旨在进一步促进中韩文化产业的合作，实现优势互补。可以说，中韩双方在节目产制、版权购买、资金交流、试点建设等方面都有合作的意向，这些合作的背后，虽然离不开政府的支持，但是都是通过韩国的媒介企业实现的。

第四节　助力广播和电信实业的国际交流合作

前文对韩国政府广电方面的国际合作政策已经做了深入分析。本部分将集中于韩国政府为电信实业的国际交流合作提供的援助。

1981 年韩国电信就开始进行改革与对外开放。20 世纪 80 年代以前，韩国通信业一直由政府垄断经营。从 1981 年起，韩国通信产业实行政企分开，通信部成为韩国电信产业的政府主管部门。之后陆续成立了韩国电信（KTA，后来的 KT）、韩国数据通信公司（DACOM）和韩国移动通信公司（KMTC，后来的 SK）三家国有电信公司，它们分别垄断了韩国的国内固话、数据通信和移动通信业务。为了推动电信市场的进一步发展，同时也迫于美国要求开放韩国国内市场的压力，根据“信息通信发展协会”的建议，1990 年韩国政府发布了新的通信政策并修改了《电信基本法》和《公用电信事业法》（1991 年公布实施）。这些政策法规的颁布和实施使韩国通信政策有了很大的改变，重新划定了电信行业的分类，国内电信市场也出现了适度竞争的局面。政府开始逐步放松电信管制，对外开放电信市场。1994 年以后，韩国进一步开放了电信市场，国际竞争力显著增强。

在电信管制机构方面，韩国政府于 1994 年 12 月对通信部进行了重组，将工商资源部、科学技术署及宣传署与通信相关的职能合并到通信部，成立了"韩国信息通信部"。同时，逐步强化"通信委员会"的职能，促使其在将来转变成为类似美国联邦通信委员会的独立的电信管制机构。韩国通信信息部(MIC)下设有通信管制局，其主要职能是：①许可证的颁发；②频率资源的管理；③资费管制；④普遍服务；⑤标准管制。而韩国通信委员会作为独立管制机构，其主要职能是：①互联互通和管理企业间的协议；②运营商之间以及运营商与用户之间的纠纷仲裁；③要求每个运营商将通信的报告书提交至韩国通信委员会进行定期检查；④号码资源管理。通信信息部与韩国通信委员会是各自独立的机构并由不同的法律来确定他们各自的管理职责。从分工来看，通信信息部是事前管制，韩国通信委员会是事后管制。

日本政府采用放松管制模式支持日本电信电话株式会社(Nippon Telegraph and Telephone Corporation，NTT)，使其凭借移动互联网走出国门的，而韩国政府则以支持 CDMA 作为技术基础拓展海外移动市场。韩国自 1996 年起推出 CDMA 服务以来，已在这一行业内积累了不少经验，之后它以 CDMA 技术为基础拓展海外市场，希望在全球移动通信市场上占据重要的一席。韩国企业向美国、中国、印度、蒙古等 47 个国家和地区出口 CDMA 技术及设备，它们预期中国和印度等新兴 CDMA 市场在未来数年内可创造出 1 亿以上的用户需求规模。韩国移动通信业以手机作为出口的主力军，未来它们将把出口范围扩大至系统、服务咨询、中继器、零件等各个领域。

韩国最大移动通信运营商 SK Telecom 的前身是韩国移动电信公司，成立于 1984 年 3 月，是由韩国电信将其移动业务分离出来建立的。

1997 年 3 月韩国移动电信公司更名为 SK Telecom。SK Telecom 在中国的长期战略目标是:用 10 年左右的时间,在中国建设一个与 SK 集团当时规模相同的 SK 中国集团,即年销售额达到 360 亿美元。SK 中国集团 2000 年在中国香港注册,并在北京设立中国事业办公室。SK Telecom 在中国的拓展希望达到彻底的本土化:深入中国,依靠中国,让中国人喜爱的互惠互利的经营理念完全融入中国的文化当中。同时,SK Telecom 还确定了在 IT、通信技术以及生命科学三个领域的拓展计划。除了在中国的业务,SK Telecom 公司于 2002 年 4 月 25 日获得了柬埔寨政府一张为期 30 年的经营许可证。公司将花费 5 000 万美元建设一个通信网络。另外,SK Telecom 还以 12 亿日元的投资进入了日本移动电视广播市场,成为日本移动广播公司的股东。至此,韩国 SK Telecom 已成为仅次于东芝公司的第二大股东,其股份占到总资本的 8 %。

韩国电信成立于 1981 年 12 月,最初提供除数据通信以外的所有国内、国际电信业务。后来其业务不断扩大,经营范围扩大到除无线业务外的几乎所有固定语音、数据和多媒体业务,是目前韩国最大的电信公司。1999 年韩国电信宣布了未来规划——成为未来网络虚拟世界的领导者。在中国,韩国电信很早就与中国联通采取了"中中外"[①]的方式合作。但是 1998 年安徽联通才刚刚放号,中国国务院便发文中国联通必须终止"中中外"合作并妥善清退已到位外资。在这种背景下,韩国电信只能于 1999 年结束了与安徽联通的短暂合作。韩国电信与中国的电子制造业

① "中中外"模式是指,在联通处于初期资金饥渴阶段,有联通和股东单位所属的一家中方企业(或各级地方政府下属企业)与境外公司签订中外合作或者合资企业协议,后者再与中国联通公司签订合作合同;合资(合作)公司提供资金,双方在一定区域内联合投资通信网络,建成后由联通公司经营。

巨无霸中国电子信息产业集团有限公司 CEC 旗下的中电通信合资开办工厂并计划年产 CDMA 手机 200 万部，同时面向中国和韩国两个市场销售手机。这样在发挥了韩国电信技术优势的同时，也弥补了其制造业薄弱的不足。此外，韩国电信也在越南进行投资，这也成为其向外扩展电话业务战略的一部分。韩国电信下属的一个财团已赢得在越南建立试行宽带 Internet 接入网合同。韩国电信将提供资金、管理及技术方面的支持，越南国家邮政电信公司则提供人力及合同中所规定的各种便利条件。韩国电信目前已进入日本的高速互联网连接市场。此外，韩国电信还与蒙古签订了有关互联网高速连接的谅解备忘录。

综上所述，韩国的电信企业凭借一流的电信技术与管理运营方式不断开拓着亚洲的电信市场，在大量资金支持的基础上，制定了中长期目标，并有序推进。尽管推进的过程中面临目标国家的限制和市场的激烈竞争，韩国电信实业仍旧在国际市场上占据了先机并不断拓展。韩国最大的固定线路及宽带运营商韩国电信公司在 2006 年发射了第四颗商用卫星，此卫星将覆盖日本、中国、菲律宾。韩国电信还正式推出以 IPTV 为平台的容许内容提供商与观众直接交易内容产品的"开放型 IPTV 业务"。当然，节目不同，与内容提供商间的利润分配比例也有所不同，不过将朝着有利于内容提供商的方向进行大幅调整。[①] 2007 年韩国电信市场呈现四大热点，分别是电信捆绑服务、广播与电信的融合、高速无线互联网、行业整合。发展趋势最明显的是电信捆绑服务。无论是传统的电信服务还是新推出的电信服务，都将以一种前所未有的方式捆绑在一起以

① 安熙贞.韩国电信将推开放 IPTV 平台[N].人民邮电，2010-02-09(5).

供用户选择。

凭借强大的经济实力，韩国的移动运营商不仅在电信行业发展，同时还进行其他领域的投资。韩国 SK 集团继在银行、金融、交通、广播电视等领域的一系列跨行业兼并之后又收购了 YMB 首尔唱片公司。韩国的电信实业所带来的技术、资金和国际市场等资源对于韩国文化内容产业的国际化之路起到了重要的整合作用。它能够使媒介企业更快地适应媒介融合的转型并保持韩国的文化强国地位。

第四章　新技术对信息社会数字产业的推动

技术对传媒产业发展的作用至关重要，它不仅可以改变传媒发展的生态环境，而且也会带来新的传播形态及内容产制机制。而正是在这一技术环境背景下，韩国政府积极推动智能生态系统的发展，为韩国经济发展注入了一股活水，培育了新的经济增长点。同时，针对传统媒体在新技术环境下呈现出的发展疲态，韩国政府在技术上的推进以提升其发展的活力。此外，韩国还积极地在全球范围抢占技术制高点，参与制定技术发展标准，以期在未来提升韩国网络传播环境，提高信息社会的基础设施的水平。因此，本章将从新技术背景下韩国推动数字化的四个面向来阐述其技术应对及作为。

第一节　发展智能生态系统和扶植新型产业

发展智能生态系统和扶植新型产业一直以来都是韩国政府的一项重要举措。尤其是在第四次技术革命的浪潮下，积极发展智能汽车、智能工厂、无人机产业等更成为挖掘韩国经济未来增长点的突破口。其具体措施如下。

一、创造经济革新中心，发展孵化器

为使新兴产业成为韩国经济发展的新引擎，2013 年 2 月，韩国政府提出“创造经济”战略，全力推动韩国创新型中小企业快速发展，打造“创业——增长——回收——再投资”的风险投资创业生态系统。随后，韩国政府出台了“创造经济实现规划”，打造“创造经济革新中心”并使其成为新兴产业的孵化器。

“创造经济”是韩国总统朴槿惠就任之后最为看重的施政措施。2014 年 9 月韩国政府表示将推进中央政府、地方政府及韩国代表性大企业之间的合作，在省级行政区、区域大型城市建立“创造经济革新中心”以形成完善的创业帮扶体系。[①]为此，韩国政府在当年就拨款 30 亿美元（约合 186.2 亿元人民币）专门用于之后三年的培育初创企业计划。同年 9 月 15 日，首个“创造经济革新中心”在大邱广域市成立。此后，釜山广域市、庆尚南道、仁川广域市、京畿道、全罗北道、全罗南道、忠清北道、忠清南道、庆尚北道、江原道、首尔特别市等地的“创造经济革新中心”纷纷投入运营。这些“创造经济革新中心”的共同特点是为创新型企业提供支持和帮扶，即鼓励“创客”经济的发展。

2016 年韩国共设立了 18 个“创造经济革新中心”。截至 2016 年 2 月

---

① KIM P-S. Evaluating MB administration's cultural policy and GH administration's policy challenges[J]. International journal of global culture，2013(2)：19-33.
김평수. MB 정부의 문화정책 평가와 박근혜 정부의 정책 과제 [J] . 글로컬 창의 문화연구，2013(2)：19-33.

份，创造经济革新中心共培育创新企业 796 家，吸引投资 1 520 亿韩元，为大企业提供技术支持 593 件，开拓销售渠道支持 203 件，设立投资基金合计 6 914 亿韩元，其中已实施 1 064 亿韩元，受支援创新企业共研发新产品 4 698 件。①

根据韩国政府的规划，截至 2017 年，培育 10 万家中小型出口企业和 400 家出口额达 1 亿美元的企业。特别是在韩国陆续与中国、加拿大、澳大利亚、新西兰缔结自由贸易协定的背景下，韩国政府希望借助自贸协定，并通过“创造型”经济的发展推动实现韩国出口结构的调整以实现“贸易立国”，进而创造第二个“汉江奇迹”。

二、积极利用第四次工业革命成果，重点发展无人机产业

文在寅执政以来，提出韩国未来经济发展的新起点是积极发展第四次工业革命，并将重点放在无人机等领域。

韩国政府表示将在韩国建立创新创业一体化的新型经济生态系统；同时，引进“监管沙盒”为金融科技等新兴产业提供安全空间以保障创新企业有序健康发展；进一步加强对企业的金融扶持，改善不公平交易，支持创业、企业再起跑，分阶段为企业提供所需帮助；集中培育第四次工业革命的领军领域，加强对人工智能、大数据的投资力度；重点扶持智能汽车、智能工厂、无人机产业；以智能型基础设施、环保型能源为基础建设智能城市；融入智能要素提高现有制造业竞争力；重点培养创意型复合人才并加强软件教育。

---

① 各国抢占创新制高点[N]. 经济日报，2016-03-28(8).

韩国推行以人为本的经济政策并让全民分享经济增长成果，三大核心是扩大就业、收入驱动型增长和创新增长、公平经济。其中创新增长是推动新一轮经济增长的核心，目标是打造充满活力的创新创业经济。第四次工业革命委员会为创新增长绘制蓝图并挖掘韩国经济未来增长点。

与此同时，韩国政府向具有全球竞争力的 300 家公司进行了高达 3.5 亿美元的投资，用于开发与智能设备互联的物联网生态系统，例如可穿戴等。韩国希望开发出新一代物联网生态系统，以实现家居用品、住房和其他日常用品的智能化。2015 年韩国相关政府官员称，预计到 2019 年，韩国将确保 10 个核心器件和智能设备模块可用于 1 000 个未来产品，并将培养 10 000 多名专家以帮助当地的公司开拓海外市场。

韩国将与物联网相关的技术应用到服装、家电、医疗等其他“旧技术”行业，以实现物联网的全面化。这将使综合公司（由不同行业生产不同类产品的企业联合而成的实行多种经营的一种经营组织形式）向小公司开放物联网平台，从而与市场上其他不同类型的公司实现合作共赢。

三、扶持游戏产业，推动手游出口

韩国文化体育观光部 2015 年 3 月 4 日宣布，为开发具有竞争力的游戏、挽救陷入低迷的游戏产业，韩国政府将提供 279 亿韩元的资金支持。

在政府提供的资金支持中，54 亿韩元用于游戏的制作，同时又具体细分为“新游戏内容产业”“功能性游戏”“体感街机游戏”领域。新游戏内容产业将智能设备、体感游戏等平台与技术有效结合，自 2009 年实施以来已经向 150 多款游戏提供支援。

为了推动游戏产业进军海外，韩国文化体育观光部和文化产业振兴院还提供77亿韩元的预算,用于举行国内外出口洽谈会以促进开展手游全球发行、搭建游戏全球服务平台(GSP)、游戏出口等种类丰富的事业。

韩国文化体育观光部发表了《游戏产业及电子竞技中长期规划》,明确表示将在2019年以前提供2300亿韩元支持韩国游戏产业。

《游戏产业及电子竞技中长期规划》分为三大战略,分别是"创造次时代游戏产业新领域""为游戏产业重新崛起做好基础建设""提高对游戏价值的认知"。韩国文化体育观光部认为,应该研发和支援OTT[①]和智能电视平台游戏生态系统,并扩展AI和用户体验相关的研究。

韩国2014年白皮书显示:2013年游戏产值为97 198亿韩元,较上一年减少了0.3%。这与之前几年的期待数值相比有了大幅下滑。而2014年第二季度韩国的14亿美元海外出口收入中游戏的贡献率为62.5%,比韩国引以为傲的娱乐产业——音乐和电影的总和还高。

伴随着手游市场的超高速发展以及带来的冲击,PC时代以端游大国自居的韩国一方面受到海外网游的冲击,网吧中玩本土网游的人数比例远低于玩英雄联盟、DOTA2等MOBA游戏的人;另一方面在韩国社会中网络、毒品、赌博、酒精又被认为是四大易成瘾物质。因此韩国政府在2011年启动新政策,要求16岁以下用户在0点至6点期间不能登录游戏,同时,游戏付费也受到一定限制。此外,网游收益的1%还被收入国库作为"成瘾治疗费"。

在两次政府出面的扶持中都可以看出韩国对发展新型智能设备、体感设备乃至虚拟现实设备游戏的支持。相比原核心业务——网游,韩国

---

① OTT是指互联网公司越过运营商,发展基于开放互联网的各种视频及数据服务业务。

政府明显瞄准了未来游戏发展的方向，一方面增加体感游戏、智能电视游戏的产出，另一方面为三星的 Gear VR 等设备提前储备内容。

此外关于韩国内部市场，也有消息传出 Naver（韩国著名门户/搜索引擎网站）进军游戏业后与多家厂商合作，用自家 LINE① 平台挑战韩国即时通信公司（Kakao）的霸主地位。而对韩国本土厂商来说，多了一个合作平台的选择无疑能让他们在“霸王分成”下获得喘息。

关于此次政府的投资扶植，韩国文化产业振兴院院长宋星珏表示：“为提供更多支援，我们在不断努力挖掘有潜力振兴韩国游戏产业的全球热销游戏，我们将慎重选出有潜力的企业和作品，通过提供集中帮助，使其具备冲向国际舞台的市场竞争力。”虽然政府很有信心，但对于陷入困境的韩国游戏产业，279 亿韩元以及尚未落地的 2 300 亿韩元或许并不够。

第二节　推动本地的数字化转换

韩国信息技术产业近年来的快速稳步发展可以作为各国学习的典范。在很短的时间内韩国有线电话家庭普及率达到 92%，宽带互联网应用达到了世界最高水平。2003 年韩国有 64.1% 的国民在使用互联网，其中宽带互联网的用户超过了 1000 万，超过人口的 1/4，位居世界第一，国际电信联盟称之为“奇迹”。此外，韩国的政府上网、电子商务、远程教育等也取得了长足的发展。可以说，数字技术已经影响到了韩国人生活的

① LINE 是韩国互联网集团 NHN 的日本公司推出的一款即时通信软件。

各个方面。

韩国信息技术产业发展的历史虽然不长，但已经在国民经济中具有举足轻重的地位。从 1997 年至 2002 年这 5 年时间里，韩国信息技术产业年均增长速度达到 21.3%，是同期其他产业平均增长速度的近 9 倍。信息技术产业在 GDP 中所占的比重也从 1997 年的 8.6%大幅度上升到 2002 年的14.9 %。信息技术产业出口在总出口中所占的比重从 1998 年的 23.1%上升到 2002 年的 28.5%，成为名副其实的经济增长原动力。①

一、纸媒的数字化转换

韩国纸媒纷纷加速推进数字化。一方面，让现有内容免费或者廉价上网，一些新闻在网络刊发的时间甚至早于纸媒的出刊时间；另一方面，推出往期报刊数字化工程，使一些有影响的韩国纸媒的 PDF 版本可以追溯到该刊物的创刊时期。

二、广播电视的数字化转换

在韩国，具有全国播送能力的电视台有 3 家—— 韩国广播公司、文化广播公司与韩国教育放送公社。10 家地方商业台中规模最大就是首尔广播公司。2001 年底，韩国广播公司、文化广播公司、韩国教育放送公社、首尔广播公司 4 家电视台开亚洲先河正式采用无线数字电视；韩国国会在 2007 年 9 月通过《数字放送活性化特别法》，原定于 2010 年底完成数字转换的时间却因数字电视机的普及率不如预期延后到 2012 年 12 月

① 官建文，王莉.韩国 IT 产业报道之一：走近韩国“数字化生活”[J].中国信息界，2003(14)：27.

31日。①

早在2001年10月韩国就开始播出无线数字电视。韩国现在的数字电视开通了多频道、IPTV、HDTV、数据资料广播、电子节目指南等服务，服务重点是高清画面的节目。韩国虽然引进了最大贸易伙伴国美国的播出方式，但如果采纳美国方式的话，会让针对移动媒体的服务变得相对困难，因而又有人推荐实行欧洲方式，这使得无线数字电视的发展仅仅局限于首尔附近。同时，为了实现面向移动媒体的广播电视服务，政府于2003年3月2日修改了广电法，人们对移动媒体接收数字电视的期望日益高涨。

韩国数字化进程延后有几个原因。②数字电视机的普及率达到95%是模拟信号停播的条件，然而在2005年底普及率仅为18%，而到2010年也只不过52%而已。之后5年中不断延后的另一最重要原因在于无法确定数字播出格式到底采用欧规（DVB-T）还是采用美规（ATSC）。

韩国建立广播支持中心以保证主要的广播电台完成100%的数字转换，并扩展数字广播的应用。模拟广播产品和传输设施将被数字化，并且高清广播产品将被进一步开发。同时，还会不断增加高清广播内容在整体广播内容中的比率，推进高清广播的全面转化。

韩国政府还支持贫困人口地区的广播电视数字化。低收入家庭在购

---

① 龙耘，李承恩. 变化与延续：2013年韩国传媒产业发展报告[M]//胡正荣，李继东，唐晓芬.全球传媒发展报告(2013).北京：社会科学文献出版社，2013：150-162.

② KIM G J. A study on positioning of digital media[J]. Journal of cybercommunication academic society，2009，26(2)：39-84.

김광재. 디지털 미디어의 포지셔닝에 관한 연구 [J]. 사이버커뮤니케이션학보，2009，26(2)：39-84.

买数字电视上得到援助，低收入家庭的电视天线也得到维修和改善。为保证能在全国范围内接收高质量的数字广播，“数字广播接收状况调查”也在全国158万户贫困人口和约400个岛屿区域展开。老化的主干天线得到修缮，卫星接收装置分布到无法接收到频谱的区域，此举的目的是为了让数字信号覆盖农村地区和偏远地区等信息接收能力较弱的边缘地带。同时，全国将安装150个低功率中继器和358个主干天线电视，并且在2011至2012年将安装26.2万个卫星接收器。

为了推进全国范围数字电视的整体转换，成立了全国数字广播转换振兴总部和市政及省级数字广播转换支持中心。在2011年和2012年建立和运行了9个市政级和25个省级支持中心。利用大众传媒和旅游交通，政府进一步增强对全国的数字电视转换的宣传。同时还对接触信息有困难的群体进行面对面的公开宣传，比如老人和残疾人。韩国政府此举的目的是力图创建一个全民共享的数字世界。

为了实现有线、无线整体数字化的目标，韩国政府已于2003年、2004年先后在釜山等区域中心城市以及道厅所在地完成转换，其他市郡在2005年底前完成了有线数字化，并在全国各地积极展开推广。

第三节 助力信息技术标准上的全球竞争

一、韩国信息化进程综述

韩国信息通信技术的发展过程大体上可分为三个阶段。[①]

① 胡广翔. 韩国信息化发展概要[J].当代韩国，1999(1)：63-68.

第一阶段是从20世纪70年代中期到80年代中期，主要致力于发展以电话为主的基本通信技术。70年代中期以后，韩国政府一直苦于电话通信不畅的问题。为解决这一问题，韩国政府建立了交换机生产机构和共同开发体制，开发韩国数字交换机——TDX交换机（Time Division Exchange，时分交换机）。80年代中期韩国成功地开发并持续发展了小型TDX交换机。到1997年11月，TDX交换机在韩国已突破1 000万线。据韩国信息公社1997年4月28日披露，1988年安装有线电话的人数（包括家用和工作用）首次超过1 000万，9年之后，即到1997年5月，韩国安装有线电话的人数超过2000万，进入"一个家庭两部电话"的时代。

第二阶段是80年代中期到90年代初，主要致力于开发计算机附件和中型计算机。此项开发与交换机的开发在形式上有所不同，后者主要是以民间企业为中心，政府支援；而前者的开发则采取以政府为中心，民间企业参与的推进方式。1995年韩国的半导体生产值是24 797亿美元，输出值是176.27亿美元，成为韩国的核心产业。1995年中型计算机的生产值是4 400万美元，其发展速度虽然不如半导体，但也达到了年平均30%以上的增长率。

第三阶段是从90年代初至今，主要致力于开发高速信息通信服务。为发展移动通信技术开发了当时最新的CDMA技术。作为移动通信的主力技术，CDMA技术完成了交换机及终端机技术的研发。此外，为了实现卫星广播，从1989年起开始研发"无穷花"卫星1号和2号，并使之进入太空运行轨道。但在1997年底之前，卫星广播的利用率还很低，仅用于教育广播等部分节目。今天，由于以信息信号的合并和数字化、通信的相互作用和以网络化等为特征的新多媒体环境的出现，韩国的大众通信环境正在急剧改变，其特征是：①信息的内容发生变化；②信息的传达方式发生变化；③信息的形式发生变化。

信息化使通信过程发生了重要变化，主要表现在：①从单向的通信变为双向通信以及互动通信；②从面对面的通信变为虚拟空间的虚拟接力通信；③从有限频道的通信变为无限制的通信。所有这些都使韩国的通信业在量和质上有了很大改变。

二、信息技术标准的发展

韩国作为新兴工业化国家，近年来经济技术得到了较快发展。但是技术标准的国际化进程需要大量的时间、成本和人力，韩国与发达国家之间仍然存在短期无法跨越的技术鸿沟。因此在标准竞争的初期阶段，韩国制定了以政府为主导的标准战略。从 1962 年组建韩国标准协会(KSA)以来，韩国政府投入了大量经费支持制定技术标准工作，积极参与举办国际标准化活动，并成功地将多项韩国标准推广成为国际标准。2003 年底韩国政府计划将重心放在发展国际技术标准上，以达成国家下一个 10 年的增长。韩国技术标准机构(KATS)为未来的工业增长制定了一个为期 5 年的国际标准发展计划，目标是到 2008 年将有 300 项适合韩国国内发展的新技术应用于全球范围。该机构已经投入约 2 100 万美元发展国际标准，并成立了一个全球化标准中心以促进在标准化方面多方的合作。

与此同时，韩国根据自身的技术实力量力而行，确定了技术标准战略的重点领域。信息技术产业作为知识经济时代的经济增长点，因具有极大的价值创造力和对传统工业的推动作用，被韩国政府列为技术标准的重点发展领域。随着韩国信息产业的发展和信息技术标准体系的不断完善，以三星、LG 为代表的韩国企业开始提高标准意识，进行关于标准的研发工作。韩国信息技术标准化工作逐渐从政府主导向企业主导转换。

(一)政府主导的技术标准战略

韩国信息技术标准工作是随着信息产业的发展而不断推进的。由于受信息技术发展水平的限制，从 1961 年韩国政府制定工业标准法案开始，韩国就采取了自上而下的由政府主导的技术标准战略——由政府投入大量经费并组织技术专家为企业提供服务。在韩国信息产业的初期即 20 世纪 70 年代，技术发展以引进、消化和改良为主，技术标准主要侧重于数字处理、字母代码等基础技术。20 世纪 80 年代随着信息产业的发展和个人计算机的广泛应用，韩国开始推行以引进为主、自主研发为辅的科技政策，对信息技术标准的关注程度不断提高。20 世纪 90 年代开始实施“引进与自主开发并重的科技政策”以追赶先进国家的技术水平，技术标准体系得到不断完善，技术标准水平有所提高。

其标准战略的总体思想可分为三个部分。①产业、学术研究机构和政府都参与构建全国范围的标准体系。20 世纪 80 年代韩国的国家标准工作只局限于国家标准协会，因此无论人力资源还是预算投入都很难使信息技术标准适应发展迅速的信息产业。于是韩国政府采取措施以使所有的相关利益方（包括计算机制造厂商和使用者）都能参与到标准事务中来；②加快完善国家标准，适应经济、社会和技术发展的要求。由于此阶段是韩国信息产业技术发展的初期阶段，因此，韩国政府决定从技术的研发初期就尽可能地考虑制定标准的问题，从而避免了重复研究。另外，初期技术标准的统一也可以有效地保证中间产品和制成品的互换性。③积极参加国际标准化活动。国际标准的任何领域都是非常有价值的，信息技术发展成为国际标准则具有更深远的意义，因为这将有益于国家间的信息数据交换。如果没有统一的标准形式，信息交换和交流将存在障碍。因此韩国政府提供多方面的支持，鼓励专家跟踪参与国际标准制定和实施的全过程。

为建立完善的国家标准体系，韩国的思路是初期仍以跟踪采用国际标准为主，同时政府也继续推动与国家技术发展同步的有关标准的研究开发。虽说与国际标准接轨、提高采标率对韩国十分必要，然而韩国政府依然认为本国标准体系的完善是最为重要的，采用国际标准前应该考虑该标准能否在韩国使用，是否适应韩国的技术和市场要求，从而确定标准的可行性或是否有改进可能。在商务部、通信部和科技部研发基金的共同资助下，一些机构开展了国际标准在韩国适用性问题的调查，如信息通信领域由电子通信研究机构负责，开放式系统互联通信参考模式（Open System Interconnection，OSI）领域由开放系统互联协会负责。很多韩国标准都是这些机构开发和制定工作的成果。

与此同时，政府每年派出近百名代表参加与信息技术有关的全部国际标准会议并积极申请会议的主办资格。仅在 1998 至 1999 年，韩国就成功举办了 6 届与信息技术标准有关的 ISO/IEC 国际标准会议。这一方面促使更多的韩国专家熟悉和了解国际标准并积极参与标准化工作，另一方面也客观上提高了韩国标准的国际认知度。为扩大韩国标准的影响，国家号召政府机构、地方政府和公共机构支持采用韩国标准，优先选择符合韩国标准认证的产品。另外也通过公众媒体、期刊和出版物来宣传韩国标准，在不同层次的学校课程中加入技术标准课程。此外，还将技术标准考试加入工程师资格考试中，使全国的各个阶层都全面了解掌握相关的技术标准。

（二）向企业主导转换的技术标准战略

工业化阶段，韩国政府主导的标准化政策对促进经济增长和增强产业竞争力确实发挥了重要作用。1997 年金融危机使韩国企业面临严峻的经济问题，研发投资减少了约 30％，致使标准开发活动的投入减少。尽管如此，考虑到信息标准的重要性，1998 年韩国企业还是花费了全部研发费用的 37.7％在标准工作上。目前韩国拥有超过 18 000 项韩国国家标准（KS），并且大部分标准与国际标准接轨。截至 2003 年，韩国作为成员国已经加入了国际标准化组织（ISO）和国际电工委员会（IEC）下属的 701 个技术委员会和分技术委员会并活跃在国际标准化的各个领域。

相比美国、欧盟、日本这些试图抢占标准制高点的国家和地区，韩国认为自己在国际标准事务中的努力仍远远不够，尤其在制定国际标准方面的影响力依然微弱。根据韩国科技部公布的《2025 年构想：韩国科技发展长远规划》，到 2005 年韩国科技地位国际排名要达到第 12 位，超过其他亚洲国家；到 2015 年韩国成为亚太地区的主要研究中心；到 2025 年具备与七大国相当的科技竞争力。要实现科技发展规划，企业必须具备自主研发的实力，拥有核心技术，改变长期依赖国外技术的局面。建立以企业为主导的标准战略，让企业直接参与标准制定的全过程，形成技术促进标准、标准带动技术发展的良性循环。如果仅仅依靠政府主导的标准政策，在跟踪技术前沿、应对市场变化上就会存在“政府失灵”的缺陷真空，难以让韩国标准在国际上走得更远。因此，政府必须鼓励企业在标准事务中起到主导和引领的作用，共同构建更具有竞争力的标准体系。

韩国政府创建了20多个标准研讨组织，为来自企业界、学术机构、政府和相关利益方的专家提供场所，目的是共同合作开发标准，推动并提高韩国标准在国际领域的认知度。根据韩国标准的战略重点，研讨组织主要集中在以信息技术产业为主的新经济产业领域。研讨组织的主要工作是技术开发、分析把韩国标准推广成为国际标准的可行性，分析在不同的产业领域建立共同的标准政策平台的条件以及分析标准的经济效益。组织的工作人员通过各种研讨活动细致全面地收集不同利益方的意见，其目的是促使标准使用的利益最大化。政府计划到2010年能在韩国的所有领域建成50个标准研讨组织，把更多的新技术领域如生物工程、纳米技术等吸纳进来。

同时，政府提供各种标准化的培训项目，专门为企业培养标准化人才。这一方面有助于技术标准在企业中的实际应用，另一方面也可以增强企业开发标准的能力。在培训过程中提供国际标准的动态，这能促使企业出口时更好地适应国际标准要求。接受培训的标准化工作人员将从事标准的开发、研讨等各项活动，推动企业的标准化进程并提升韩国标准的国际认知度。在此基础上，政府将建立一套标准化人才数据库为企业提供专业人才支持，同时，企业可在必要时根据技术需求调动相关的技术力量合作开发标准。

未来社会是一个标准制胜、标准领先的时代，技术标准对企业竞争战略的重大意义应被企业认知，因此韩国政府希望在公众中树立标准意识。韩国政府为此开展了一些有关技术标准的教育项目。这些教育项目有别于前面提及的标准化人才的培训项目，主要是面向公众的普及性的标准培训。2003 年韩国举办了关于标准理念的大学生征文比赛,希望在大学生中加强标准观念,从而为以后推动标准的开发和制定工作打下一定的学术理论基础。同时,从 2004 年秋季开始,韩国有 8 所科技大学开设了与技术标准有关的课程。2005 年开设这一课程的学校比例进一步提高。课堂授课方式主要针对各领域遇到的实际问题,通过案例分析来讨论和学习。[①] 2016 年韩国“第四次国家标准基本计划”,明确了以 ICT 为中心重点,推进交通、农业、医疗等传统行业的信息化标准制定以及云技术、无人机智能设备等高附加值产业的标准化工作,进一步在智能媒体时代推进强化技术标准工作。

第四节　扶持未来网络建设

韩国是全球公认的互联网基础设施最完善的国家之一。有报告显示,韩国宽带网络的平均连接速度为 22Mbps,相当于美国的 2 倍,中国的 6.5 倍。早在金大中总统时期,韩国就将建设优质网络上升为国家战略。韩国虽然国上狭小,却拥有 SK、KT 和 LG 三人电信运营商,市场竞争激烈。现在,发达的网络与商业、金融、娱乐、教育等领域充分融合释放出了巨大的“互联网+”效应。

韩国政府很早就意识到信息产业孕育的巨大潜力。在金大中总统时期,韩国就制定了详细的实施计划,以建设优质网络。以宽带普及为例,为实现“光纤到户”,从 20 世纪末开始,韩国先后投入数十亿美元建设光

① 毛文娟,华欣.韩国信息技术标准战略及对中国的启示[J].世界标准化与质量管理,2005(5):15-18.

纤主干线网络，并向网络运营商提供财政补贴和政策扶持，鼓励其将宽带接入每一个家庭、学校、政府办公室，在2005年就已基本普及了百兆宽带。据经济合作与开发组织(OECD)数据，韩国宽带覆盖率达人口总量的97%，远远高于世界绝大多数国家。

正是得益于对网络的“超前”规划和投入，韩国牢牢占据了全球制高点。一般韩国家庭每月平均仅须花费20 000韩元(约110元人民币)就能轻松享受百兆宽带网络，还不到一个刚参加工作的年轻人月收入的1%。同时，为打破三大运营商的垄断，韩国于2010年引入了移动虚拟运营商(MVNO)制度，并出台了大量配套政策支持，引导市场进一步降低通信资费。

移动虚拟运营商通过租用三大运营商的基础网络开展服务，因而省去了建设网络基础设施的巨额投资。而且，移动虚拟运营商战略目标明确，采取了低价和差异化竞争手段，主攻对价格敏感、对服务要求相对低一些的消费群体。由于移动虚拟运营商的平均话费标准要比三大运营商低约30%左右，因此被韩国消费者亲切地称为“廉价移动”。在低价优势的带动下，短短数年时间，韩国“廉价移动”服务从无到有，发展迅速，共有30多家企业获发牌照，成为搅动韩国移动服务市场的“鲶鱼”，极大地冲击了原有的三大运营商寡头垄断格局。数据显示，2014年“廉价移动”用户占到韩国手机用户总数的约8%。

发达的网络与商业、金融、娱乐、教育、交通、医疗等领域和行业的充分融合，释放出巨大的“互联网+”效应，为韩国运营商带来了大量的增值服务以及随之而来的新收益源。比如，近年来视频点播(VOD)在韩国迅速发展，成为新型的视听传播渠道，目前韩国宽带业务收入中约20%的收费来自视频点播。再比如4G服务商用化之前的2011年，韩国手机网络游戏市场规模约为4 200亿韩元，但到2012年，随着4G网络的开通，市场规模增长了89％，2013年更是激增191％，市场规模达到2.3万亿韩元。

2013年是韩国加速推进“吉咖韩国”战略的第二年，启动“数字政府3.0版”计划的第一年，也是韩国信息网络快速发展的一年。与此同时，2013年也是韩国遭受大规模网络攻击最多的一年，信息安全形势十分严峻。因此，韩国政府采取了一系列措施，加强信息安全建设。

2013年，韩国通过落实“吉咖韩国”战略、启动数字政府3.0版计划、加快新一代网络建设、部署免费Wi-Fi等举措加速推进信息网络的发展。

落实“吉咖韩国”战略：2013年韩国投入180亿韩元，在大容量虚拟实景、高性能平台、吉咖级传输网络、全息影像终端四个方面加大研究力度，推进“吉咖韩国”战略的落实。

启动数字政府3.0版计划：2013年6月，韩国政府宣布启动数字政府3.0版计划，旨在通过移动技术和大数据等信息网络技术实现政府为个人提供差异化一对多的行政服务，推动政府信息公开，并从以国家为中心的工作理念向以国民为本的工作理念转型。

加快新一代网络建设：2013年5月12日，韩国宣布率先开发出基于5G核心技术的移动传输网络，相对于4G网络75Mbps的传输速率，5G网络传输速率可以达到1Gbps，最高可达10Gbps，位居世界前列。7月4日，韩国成功研发全球最快无线网络——长期演进技术（LTE—Advanced）网络，数据下载速度可以达到4G网速的两倍，是3G网速的10倍，数据下载速度为150Mbps，下载一部800MB的影片仅需43秒。

全国范围内部署免费 Wi-Fi：2013 年 7 月 17 日，韩国政府宣布从 7 月 15 日开始扩大部署免费公共 Wi-Fi 覆盖范围的工作，计划到 2017 年使免费的公共 Wi-Fi 服务覆盖至全国。韩国政府计划在之后 4 年里将免费公共 Wi-Fi 热点从目前的 2 000 个增加至 12 000 个以缩小信息鸿沟。

在上述信息网络建设等战略、计划、项目的推动下，2013 年韩国的信息网络得到了快速发展。2013 年 8 月 21 日，国际电信联盟发布的统计数字显示，韩国的互联网使用率为 84.1%，网民人数达 4 300 万多（全国人口约 5 000 万），在全世界 112 个国家中排名第 21 位。韩国的互联网网速达到了 14.2Mbps，位居全球第一，网速平均峰值可达 48.8Mbps，位居全球第二。2013 年 7 月 21 日，经合组织发布的数据显示，韩国在 34 个成员国中无线超高速网络普及率名列前茅，是经济合作与发展组织成员中首个无线宽带普及率达到 100%的国家，也是世界上第一个无线宽带网络普及率达到 100%的国家。2013 年 6 月 25 日，美国市场调研公司发布的报告显示，2013 年韩国智能手机普及率将达到 79.5%，有 8 成国民使用智能手机并稳居世界榜首，到 2017 年将达到 88.9%。2013 年 4 月，韩国未来创造科学部报告，2013 年 1 月的韩国总体无线网络流量达到了 5.8262 万 TB，同比增长 196%。截至 2013 年 6 月底，4G 用户数已达到 3 000 多万，覆盖人口 62%，超过 3G 用户数，是全球 4G 移动通信普及率最高的国家。

除此之外，韩国通信委员会于 2011 年 8 月发布了《面向未来的互联网发展计划》，计划建设比当时网速快 100 倍的网络以提高互联网企业的竞争力，并争取 10 年内发展成为全球互联网的领头羊。在 2000 年至 2010 年这十年间，韩国互联网用户增加了 2 倍，建成了世界最出色的网络并成为互联网强国。但是，新服务也造成了网络“交通拥堵”。此外，跨国互联网企业的高负债、技术相对于发达国家滞后也是不可忽视的问题。①

韩国通信委员会计划促进以下几项事业发展：建设世界最强的智能网络(smart network)；智能互联网(smart internet)技术开发；构建全球测试床(test bed)；开发未来先导型服务模型；强化互联网产业基础；构建安全、值得信赖的互联网。

韩国通信委员会早期就计划将100Mbps有线网速在2012年提高到1Gbps，2020年实现10Gbps的商用化，所有家庭连接到光纤电缆；无线网络发展到4G；制订中、短期频谱确保计划，积极推进宽带化。韩国通信委员会还积极进行以光纤入户(Fiber To The Home，FTTH)技术、超高速Wi-Fi等有线和无线尖端技术开发为代表的未来技术研究；准备通过云服务和物联网示范事业等发掘未来服务模式，提高安全性，培养人才，提供资金支援，进军海外。

韩国政府预计2011年之后的五年间在互联网领域的投入资金达到38.1兆韩元，该资金由政府和民间共同承担。其中，政府将出资5 389亿韩元，主要用于技术开发、示范事业、建设测试床等；民间将投入37.6兆韩元，用来建设有线网络和无线网络。

如今，韩国已经基本实现了网络的全国覆盖，无论是咖啡厅、公园，还是地铁、机场，几乎所到之处都会有免费的Wi-Fi。也正是因为无线网络的普及，在韩国随处可见民众捧着笔记本电脑办公的场景。根据韩国科

① 韩发布互联网发展计划 借物联网发掘新服务模式[EB/OL].(2011-08-11)[2022-05-18].https://m.c114.com.cn/w2490-635011.html.

学与信息通信技术部在 2020 年 5 月发布的关于 5G 的报告，截至 2020 年 4 月 2 日，韩国用户总数达到了 577 万，仅次于中国，但韩国 5G 普及率达到了 9.67％，是中国的 14 倍。

第五章　建设友好型媒介环境

受众可以说是一个传播过程的终点，信息只有到达受众并产生效果才代表着一个传播过程的终结，因此，受众权利一直以来都是各国媒介服务系统关注的焦点。随着传媒技术的发展，受众本身的角色也处于不断演进之中。今日的受众不再仅仅是信息的被动接受者或信息消费者，而已经成为能够同时接受内容和生产内容的“产消者”①。在这样一个受众角色发生变化的媒介环境中，受众的权利及伦理问题便日益凸显。韩国政府则基于对受众权利及受众福利②的关注，针对新的媒体环境下的媒介资源分配的公平及正义问题，提出并实施了一系列的对策，以期建立一个友好的媒介环境。

① 泰普斯科特，威廉姆斯.维基经济学：大规模协作如何改变一切[M].何帆，等译.北京：中国青年出版社，2012：134.

② 龙耘，赵春光.数字网络技术环境下的韩国受众福利[M]//国家新闻出版广电总局发展研究中心.中国视听新媒体发展报告(2013).北京：社会科学文献出版社，2013：417.

第一节　受众参与媒介服务的可能性

一、韩国的大众媒介制度

一个国家的媒介制度是由社会制度决定的，二者有着唇齿相依的关系。按照系统论的观点，大众传播系统是在整个社会系统的框架下运行的，传媒受到政治制度、经济制度和文化背景多方面的影响。韩国《宪法》规定，韩国实行的是“立法、行政、司法”三权分立的政体，是一个资本主义国家。韩国自 1948 年建国至今，几代政权更迭，韩国的政治也经历了从独裁走向民主的变迁。媒介制度与媒介政策也因受政党和领导人的影响经历了一系列的变化。

1997 年，金大中竞选总统成功，意味着韩国的政治民主有了历史性进步，反对党第一次在总统选举中获胜并成为执政党，韩国的权力结构变化，政治更趋向改革。[①] 2000 年 12 月，韩国修订了《广播电视法》，此法将所有电子传播大众媒介、有线电视和卫星电视囊括其中，成为电子大众传播媒介管理的全面法规。成立的韩国广播委员会使分散在韩国文化体育观光部、信息通信部、广播电视委员会和联合有线服务委员会的权力得到整合，顺应了大众传播媒介的新发展。这一举措也促使韩国大众传播业从 1997 年的亚洲金融危机中逐渐恢复活力，步出低谷。在金融危机的影响下，金大中政府采用了开放市场和重组社会经济结构的政策，在政府主

① 郎劲松，李磊. 卢武铉政府与传媒关系的调整和重构：透视近年来韩国的“舆论改革”[J]. 现代传播，2005(4)：50-53.

导的结构重组下，媒介产业出现了变化。带有明显政治立场的韩国新闻媒介并没有像西方媒介那样尽量保持政治中立、不带有明显的政治倾向，反而使媒介和政党的协调一致性表现得更加明显。可以说，政治权力和各种各样的因素依然支配着媒介管理和运作。

2004年，韩国传媒领域掀起了一场“言论改革”的运动，涉及言论的多元化表达、摒除报纸舆论垄断和鼓励地方报业发展等多个问题。同时，社会民主化改革和受众群体不断扩大，传媒市场准入门槛被降低，媒体数量增加。同时，来自政府的经济支援减少后媒体对广告的依存度提高。为了获得广告主的资金支持，传媒产业市场的竞争激烈。为了争取最大数量的受众媒体，媒体不得不重视受众的反馈与需求，这就为受众参与媒介服务提供了可能性。

二、公民社会的建立与教育的普及

韩国是一个成功追赶工业化的典型案例国家。在韩国建国后的短短几十年间，经济获得了迅猛的发展，创造了“汉江奇迹”。伴随经济的迅速发展，中产阶级队伍快速壮大。20世纪80年代中后期韩国威权体制的自由化为独立中产阶级工会的兴起提供了契机。白领工会运动首先在金融机构雇员中出现并很快蔓延到其他专业群体中。在韩国的国家合作主义框架中，政府偏爱那些最关注经济利益的职业团体，特别关心职业团体提出政权不可接受的政治要求。上中产阶级（如医生）的职业组织有着较高程度的自治性，因为他们的成员被假定不敌对政权。政府试着控制中低或低中产阶级组织，诱使它们严重依赖于国家。[①] 所以，教师、新闻记者、作家、艺术家、出版人等从事知识的传播和创造的群体受到了体制最大程度的关注，他们往往被纳入正式的、自主程度非常低的国家合作组织中。公民社会团体发动和主导了韩国民主化的全过程。它们在公民社会内部结成亲民主联盟，与反对党建立了广泛联合，并最终迫使威权体制向民众屈服。由此可见，韩国的公民社会发展得比较完善和成熟，中产阶级在社会总人口比重逐年上升，中产阶级参与公共事务的热情也受到了国家的高度重视，加之代表中产阶级的新闻记者数量众多，多重因素保障了作为受众的中产阶级参与媒介服务意愿与诉求的表达。

受众参与媒介服务的前提条件是受众具有高媒介素养。公民的媒介素养主要包括如下四个方面：(1)了解基础的媒介知识以及如何使用媒介；(2)学习判断媒介信息的意义和价值；(3)学习创造和传播信息的知识和技巧；(4)了解如何使用大众传媒发展自己。公民的互联网素养是指公民在通过互联网这一媒介发布信息、接收信息、反馈信息的过程中自觉地尊重公民的隐私权等。韩国的教育体系发达完善，教育被称为韩国发展的第二经济。20 世纪 60 年代以来，韩国经济社会飞速发展创造了“汉江奇迹”。“教育立国”战略是韩国成功的根本原因之一。1961 年，韩国人均 GDP 仅为 80 美元，80％的人口为文盲。而目前韩国成人识字率超过 97％，扫盲不再是一个全国性的问题，教育部早已停止了对成人识字率的评估。韩国的教育质量也一直处于世界排名前列。在教育高度普及与教育高质量的双重保障下，韩国公民的文化素质均比较高，具有参与公共事

① 张振华.公民社会兴起的政治意蕴：以韩国为样本[J].经济社会体制比较，2013(3)：138-150.

务的能力。

此外，韩国公民的国家意识强，国民觉悟高，这在韩国的民主化和现代化进程中发挥了重要的推动作用。在韩国的历史上，早已有受众参与媒介服务的成功实践案例。

20 世纪 80 年代韩国经济发展繁荣，首都的三家日报《朝鲜日报》《东亚日报》《中央日报》瓜分了整个国家的广告市场。韩国的地方报多为晚报，《朝鲜日报》《东亚日报》《中央日报》也发行地方版。这些报纸通过建立全国的报刊发行网络，深入地方的早报市场(包括订报与广告)成为全国性的大报。因此，地方报业萎缩，只转载通讯社新闻。主要大报获利率甚至高于其他产业，进入全国百大企业集团。各报也配合政府的新闻指示制定编辑政策。因此在 20 世纪 80 年代三大报已发展成为官方集团，成为国家意识形态的工具。由于存在上述问题，“民主媒体公民联盟”在 1985 年成立，以集体的方式对抗媒介管制与垄断。人们意识到政府对新闻业的控制。媒体自身也进行反省，成立工会并且进行改革。1988 年，在韩国国民要求民主化的浪潮中，卢泰愚入主青瓦台出任总统，主张给新闻界更大的自由。同年，韩国公民团体团结起来，组成言论改革市民联盟(People's Coalition for Press Reform，PCMR)。此联盟不仅批评报纸内容，更提出了具体可行的报业政策，要打破寡占，重建秩序，保障多元。[①]在他们的推动下，2005 年 1 月，新《报业法》问世，此法被纳入媒体改革的理念。

① 郭镇之，林洲英.韩国大众传媒近三年来的变革[J].新闻战线，2003(4)：78-80.

三、技术赋权

韩国始终站在数字革命的前沿，新媒体和新的媒介技术在2000年前后获得了较大的发展。韩国是世界上互联网最发达的国家之一。韩国政府重视互联网基础设施的建设，而且互联网收费低廉。尽管韩国国内市场狭小，但却坐拥SK、KT和LG三大电信运营商，市场竞争十分激烈。这三大电信运营商为争夺用户，都不断加大网络基础设施投入，并研发新技术、提升网速、优化服务，从而形成了市场竞争的良性循环。从Web1.0到Web3.0，媒介形式、信息形式、受众行为、传受关系都发生了改变，网络技术的不断创新和发展赋予了受众参与媒介的权利。

在Web1.0时代互联网媒介形式主要是门户网站和搜索引擎。在韩国，互联网市场的领导者是Naver，占有80%的市场份额。在发展过程中，Naver不断完善其信息门户官网，并且在2000年推出特色服务"综合搜索"功能。虽然Naver兼具信息门户和搜索引擎两大功能，但信息传播模式依然是传统的"媒介—受众—反馈"的模式，媒介只是将人与信息连接。用户只能观看和搜索相关内容，参与媒介服务的可能性并不高。

在Web2.0时代，互联网媒介出现了新的形式，如BBS、维基百科、博客、SNS，等等。博客在韩国一直受到较高的青睐，Naver博客的市场占有率仅次于排名第一的脸书。在Web2.0时代，信息的形式发生了改变。信息形式主要是用户生成的内容，除了门户网站提供的新闻信息以外，社交信息、关系信息的数量也逐渐增加。受众的行为也经历了从搜索信息、观看信息到生产内容的转变。每一个人都可以发布信息成为信源，每一个人可以观看信息成为信宿。更为重要的是，分享功能的出现使得受众可以成为信息流动的活媒介。技术的变革使受众参与媒介的可能性大大增加。

在Web3.0时代，互联网出现了大数据、云计算、物联网、人工智能等新的变化。受众已经不再是简单的信息接收者(或“受众”)而转变成为“用户”。用户的行为数据、用户的资料数据成为新的信息形式。从受众到用户的转变，体现了受众真正参与媒介服务的过程。媒介通过大数据、云计算等技术，根据用户行为和喜好定制专业的传播内容。用户成为媒体生产和传播内容环节不可忽视的存在。人工智能技术使传、受关系发生了飞跃性变化，从传统的模式转变为智能互动的关系。然而，满足用户的需求在互联网高度竞争的环境中已经不再是赢得用户青睐的关键，更重要的是超越用户需求。这意味着产品的设计者和策划者都必须了解哪些用户尚未解决的问题可以通过互联网来完成，并提供用户意想不到的解决方案。

第二节　受众参与媒介服务的必要性

一、对受众权利的保护

受众参与理论的主旨是维护和强调受众的知情权、监督权、近用权、表达权。因此，通过受众参与媒介服务来保护受众权利是十分有必要的。如果只让少数人参与媒介服务、自由表达，大多数人的意愿和诉求没有表达的渠道和方式，那么就会影响整个社会民主的根基。

二、受众主导的内容生产

受众参与媒介服务，可以使用媒介创作、发布原创内容。Web2.0时代信息的主要形式发生了改变，由以往的媒体发布的信息转变为受众生产的内容。在激烈竞争的媒介市场中导入受众参与的言论是十分有必要的，否则会导致媒介言论的官僚化、集中化、精英化。Naver博客、Dame MeToday、Facebook等新媒体形式和直播、微视频等新的媒介技术的出现开创了平行互动交错的信息生产模式。一方面是传统媒体生产的信息，另一方面则是受众生产内容。经济合作与发展组织公布的统计数据显示：2014年韩国无线宽带普及率为106.5%。也就是说韩国每100人中无线宽带用户为106.5人（一人持有多台移动上网设备）。[①] 如今，韩国已经基本实现了网络的全国覆盖，无论是咖啡厅、公园，还是地铁、机场，几乎所到之处都会有免费的无线上网。互联网技术的快速发展为用户生产内容提供了平台，手机终端的普及也为用户生产内容提供了条件。在韩国，脸书、Naver博客、YouTube都是常见的用户生产内容的平台。

用户生产内容不仅在社交平台上广泛传播，并且也被成功运用在了新闻报道中。用户生产内容具有典型的互联网去中心化的特点，模糊了传者和受众的界限，信息传播的双向性和开放性都得到了很大的提高。对于媒体来说，通过引进用户生产内容加强了媒体与受众之间的互动，增强了用户黏性、内容黏性，达到巩固受众群、强化媒介品牌价值的效果。韩国的第一门户网站Naver在web1.0时代的门户网站占有极高的市场

① 郭镇之，林洲英.韩国大众传媒近三年来的变革[J].新闻战线，2003(4)：78-80.

比例。在web2.0时代，Naver网站积极开发博客等社交功能为受众生产内容提供平台，牢牢把握住了受众群体，至今立于不败之地。在用户生产内容模式下，受众的自主参与性普遍增强，更多优质的原创内容得到广泛传播。用户生产内容平台为受众创建了一个开放自由的创作分享空间。韩国的Ohmynews新闻网站是韩国最有影响力的新闻媒体之一。自2000年建立以来，Ohmynews新闻网站就奉行“公民新闻”制度。个人只要在网站上注册就可以成为网站的新闻记者，也就可以报道新闻事件。在韩国《朝鲜日报》《东亚日报》《中央日报》三大日报垄断报业市场，首尔广播公司、韩国广播公司、文化广播公司三大电视网络垄断电视市场的现状下，Naver博客、Ohmynews新闻网这类用户生产内容平台代表民众，让大众传播媒介的内容更加丰富和多元。

三、提升媒介服务质量

韩国报业大部分是个人或家族企业，编辑活动应得到保障，禁止因个人利益或商业盈利而损害言论的公共性和社会责任。受众参与媒介服务可以使受众监督媒介，也可以提升媒介的服务质量。

2002年，韩国发生一起美军装甲车撞死两名女学生的事故。在事故发生后，韩国九大日报均保持沉默或只在不起眼的版面简要报道该事件，并没有引起民众的关注。然而，在事故发生当天，Ohmynews新闻网就报道了此事，并且持续追踪案件的处理和审判过程，这引起了韩国民众的强烈关注。Ohmynews新闻网对此事极大的报道热情迫使原本对此事保持沉默或轻描淡写的九大日报跟进报道此事。这件在互联网上进行的受众参与媒介服务甚至迫使传统媒体改变立场的事件在当时引起极大反响。

受众纷纷谴责传统媒体的保守立场，批评报纸不履行社会责任、忽视公民知情权，批评家也指出应由普通受众参与行使监督媒介的合法权利以保证媒介服务的质量。

韩国的传统媒体一直受到频繁更迭的政治领导的影响，往往屈服于政府的高压政策，立场与政治保持一致。受众参与媒介服务可以更好地监督媒介履行社会责任和提高服务质量。

第三节　保护用户的权利

一、用户的身份变迁

用户指的是某一种技术、产品、服务的使用者和使用某种产品的人。用户与受众的关系密不可分。从传统的大众传播时代到互联网时代，使用互联网的人的身份经历了一个从受众到用户的变迁过程。早期的受众概念包括读者及视听者。2005 年韩国颁布的法律将定期刊物的受众称为读者。在韩国《广播法》中，将广播电视的观众称为视听者。然而随着大众传播技术的发展与创新，新的互联网媒介出现后受众的身份发生了变化。

Web1.0 时代，互联网是传统媒介的延伸，信息的传播模式是单向的，受众是信息的接收者。但是，互联网出现后带来的海量信息资源使受众的权利变大了，信息资源可选择的范围也在扩大。Web2.0 时代，由 web1.0 时代的论坛衍生出的社交媒体如 SNS、博客、脸书大量出现，信息的传播模式发生了改变。大量的受众生产内容开始占据互联网的主要位置。除了社交媒体网站，综合服务平台类网站也开始进入受众的日常生活，受众可以通过互联网完成预定、交易、教育等社会活动。不仅受众拥有创造内容、发布内容的权利，而且更复杂的社会互动都可以在互联网上实现。Web3.0 时代，大数据、云计算、人工智能等技术出现后，互联网成了一种社会化的媒介技术。越来越多的互联网产品进入人们的生活，人们对互联网的依赖程度逐渐加深。在互联网时代，受众和大众生活不再是割裂的，互联网的角色不再是一种媒介，也是一种生活方式。在这个背景下，受众已经不再是传统意义上的受众了，而是互联网产品的用户。

从受众到用户的身份变迁体现的是受众在传受关系上的变化和受众重要性的日益提高。在竞争激烈的互联网市场中任何产品都必须注重用户体验甚至超越用户的期待。

二、韩国保护用户权利的措施

针对传统媒体的受众，韩国成立了读者权益委员会，以在宏观上监管媒介，反映受众的意见和保护受众的权利。各个党派均针对读者权益提出了具体的议案。开放国家党提出要求强制规定读者委员会构成规章并使读者权益委员会的设置与运行义务化。民主劳动党提出将读者权益委员会列为自律事项。除了官方成立的读者权益委员会以外，市民团体也纷纷成立保护市民自身权利的组织。1987 年民主化后，公民结社、集会的自由得到保障，各种市民团体成立并迅速发展。到 2000 年左右，市民运动已经具有了相当的组织力量，例如民主新闻运动市民联合会。民主新闻运动市民联合会定期举办各种市民新闻教育，发起新闻监督运动，发行定期刊物以及举办各类新闻学术会议和支持地方新闻运动等。民主新闻运动市民联合会产生了深远的影响，成为受众捍卫自身权利的典型案例。

此外，为了提升作为出版自由重要组成部分的媒介近用权，使公众能够平等地接触并使用各类型的媒介资源，实现媒介资源分配上的公平和正义，在新的媒体环境下，韩国政府及相关部门制定了一系列措施来保障受众福利。一方面，增强对低收入边缘群体的支持与援助。[①] 韩国政府通过各种扶持性政策，提升社会弱势群体、边缘群体以及弱势地区民众接触和使用视听服务的水平。另一方面，通过保障用户知情权改善媒介使用环境。[②] 韩国政府通过政策及法律方面的手段，提高了处理用户投诉的效率，并建立起抱怨评估体系和用户索赔机制，从而提升了与用户之间的沟通效率与保护管理水平。

随着技术的发展，新的互联网媒介出现后实现了"受众—用户"的转变。大数据对用户个人隐私的威胁以及对用户生产内容的著作权保护都成为互联网发展过程中不可回避的问题。为了维系互联网的有序健康发展和保护用户的权利，韩国实行了一系列措施包括设立监管机构、加强立法、实行网络实名制等。

在监管机构方面，韩国的互联网监管机构主要是以政府为主导的韩国因特网安全委员会(Korean Internet Safety Commission，KISCOM)。因特网安全委员会主要由两个下属委员会组成，即信息传播伦理委员会

---

① 龙耘，赵春光.数字网络技术环境下的韩国受众福利[M]//中国视听新媒体发展报告(2013).北京：社会科学文献出版社，2013：418.

② 龙耘，赵春光.数字网络技术环境下的韩国受众福利[M]//中国视听新媒体发展报告(2013).北京：社会科学文献出版社，2013：420.

和专家委员会。[①] 因特网安全委员会的主要职责是在宏观上设置有关网站传播内容的标准，提出网络传播伦理的一般性原则。其主要工作职能有：

(1)引入信息通信的普遍道德规范；

(2)根据《电子通信商务法》《总统指令》检查和监督互联网内容在电信网络上的公开流通；

(3)提供净化电信网络上传播信息的措施；

(4)负责“违法和有害信息报告中心(Internet 911)的运营”；

(5)促进健康的网络文化发展；

(6)受信息通信部的委托处理其他促进健康信息传播的相关事宜。

除此之外，因特网安全委员会还积极与国外互联网管制机构、企业紧密联系，通过召开专家会议并签署谅解备忘录等形式参与互联网管制的国际合作。

因特网安全委员会致力于创造一个健康开放的互联网环境，而良好的互联网环境则是有效保护用户权利的重要基础。同时因特网安全委员会在监督互联网媒介、规制技术界限等方面也发挥了基础性作用。

在立法方面，韩国政府坚持以法规为先导加强互联网监管的原则。为保障网络安全、规范网络行为、保护用户权益，韩国政府陆续制定和完善了一系列有关网络管理的法律，如《电子通信基本法》《国家信息化基本法》《促进信息通信网络使用及保护信息法》《信息通信基本保护法》《网络安全管理规定》《通信秘密保护法》等数十部法律。[②] 韩国政府于 2001 年

---

① 栾静均. 韩国网络监管对中国网络监管的启迪意义[J]. 今传媒，2015(1)：29-30.

② 钟华. 韩国：数十部法律保护用户权益[N]. 光明日报，2012-12-27(8).

就通过颁布《不当互联网站点鉴定标准》和《互联网内容过滤法令》，在法律框架上确定了过滤信息内容的合法性，旨在给未成年用户以充分的保护。近年来，韩国政府陆续通过了《促进信息化基本法》《信息通信基本保护法》《促进信息通信网络使用及保护信息法》，旨在举报、删除有害信息、制定相应的惩罚机制。

为了保护网络个人信息，韩国行政安全部颁布实施了《个人信息保护法》，详细地规定个人信息的公开和使用规则，特别清晰地规定了窃取个人信息以及损害个人信息等行为的处理方法。随着网络技术的飞速发展，韩国出台了《位置信息保护法》，要求在使用个人位置信息时必须得到当事人允许。2011 年 5 月，韩国谷歌公司和韩国门户网站 Daum 公司就因涉嫌非法收集智能手机用户的位置信息受到韩国检方的调查。此外，为了保护用户生产内容，韩国在互联网著作权保护、互联网知识产权方面专门制定或修订了有关法律，以适应网络和信息技术的发展。韩国对内加强对通过互联网流通的假冒、盗版商品的监管，建立网上跟踪系统，实行有奖举报制度。在 2005 年，韩国政府引入并建立了专门用于登记和确认网络著作权的网站。包括博客作者在内的用户都可以通过该网站为自己生产的内容作品确定"是否可用于盈利"和"是否可以修改"等属性，网站验证后会在作品上附加水印予以认证。韩国政府承认网站认证是有效的法律根据。这一做法为解决网上长期以来存在的"著作权保护法"和"信息共享"之间的矛盾提供了一个可行的解决办法。韩国对外则分析海外网络知识产权纠纷信息，建立国际纠纷应对体系。现阶段韩国很多创意产业都受益于互联网技术的快速发展，这导致网络知识产权的侵权事件从最初文字作品的非法复制传播和大面积蔓延到对音频、视频、游戏等多个领域知识产权的侵犯。

在政策方面，韩国互联网实名制有效保护了用户的权利。韩国是全世界第一个强制实行互联网实名制的国家。早在 2002 年，韩国政府就开始在政府网站推行网络实名制，此后逐步推广。2008 年韩国国会通过一项修正案将实名制扩展到所有日访问量超过 10 万的网站。用户在申请网站账号时必须填写真实的姓名、身份证信息、个人住址与职业，获得审批后才可以获得账户。互联网实名制的政策有效地震慑了网络犯罪、网络暴力等行为，同时对于 17 岁以下的青少年来说，实名制有效过滤了影响青少年身心健康发展的有害信息，保护了未成年用户的权利。实名制使互联网有序规范运行，韩国政府要求互联网服务商必须严格保护用户的个人信息，实名制在推出后获得了广大用户的支持。

在实名制出台后，互联网受到了有序监管。新媒体技术日新月异，互联网的开放性越来越强，实名制施行后，社交媒体的侵犯用户隐私案件频发。在社交媒体上用户可以实时分享内容和发送位置信息，不经意间就会暴露个人隐私。网络用户个人隐私泄漏事件频发，实名制的合理性受到了越来越多的质疑。2011 年 7 月，韩国门户网站 Nate 遭黑客袭击，超过 1000 万用户的个人信息被窃取。事件发生后，韩国政府于 2012 年 8 月 23 日宣布废除网络实名制。实名制从实行到废除，体现了政策随着技术的变化而不断调整的过程，但其最终目的都是为了保护用户的权利不受侵犯，保证互联网有序健康发展。

第四节　建设健康的媒介环境

媒介环境是指一种社会情景，包括一切可能影响媒介发展的因素。

“媒介环境”的概念包括两部分，“媒介环境对于人类来说是一种生活环境和传播环境，对于媒介自身的生存发展来说则是媒介的生态环境”[①]。网络媒体的崛起，给新闻传播领域带来了重大变革。一方面，媒介环境愈加复杂，逐渐形成了传统媒体与网络媒体共生的态势；另一方面，伴随网络媒体的崛起，新闻专业主义缺失现象更加多样与普遍，危害也更深。因此，探讨健康的媒介环境的建设问题十分必要。本节将从法律政策环境、媒介竞争环境、媒介监督环境以及受众认知环境来探讨健康的媒介环境的建设问题。

一、法律政策环境

韩国文化产业迅速发展并且取得成功，这与韩国完善的管理文化产业的政策、法律体系是分不开的。韩国的文化产业在发展之初就表现出政策先行、法律跟进的特点。1998 年政府正式提出“文化立国”方针。1999 年至 2001 年先后制定《文化产业发展五年计划》《文化产业前景 21》《文化产业发展推进计划》，明确文化产业发展战略和中长期发展计划，使发展文化产业成为一项国策。伴随着韩国法治社会的建立与发展，传媒领域的法律法规也在逐步健全和完善。1999 年韩国首次制定了有关文化产业的综合性法规《文化产业振兴基本法》，提出振兴文化产业的基本方针政策。为适应数字化信息时代文化产业发展的需要，近两年陆续对《影像振兴基本法》《著作权法》《电影振兴法》《演出法》《广播法》等做了部分或全面修订，被废止或修改的内容达原文的 70%左右。韩国传媒领域

---

① 张小波. 当前我国媒介环境下新闻专业主义研究[D].南京：南京师范大学，2012：7.

的专门性法律比较完备，但同时修正补充也比较频繁。探究其中原因，一方面传媒业的发展变化较快，为了解决法律滞后问题不得不经常调整补充；另一方面韩国各派政治势力对传媒领域施加影响，将政治诉求法律化。

在报业方面，政府于 2004 年着手修订原有的《定期出版物法》，2005 年初公布了新的《报纸法》。在市场占有率规定方面，新的《报纸法》最终采纳了开放国家党的提案，即当一家报社市场占有率超过 30%，三家报社市场占有率总和超过 60%时，表明公平竞争的市场上出现了垄断市场的寡头企业；在股份的限制方面，考虑到违宪与否，最终新的《报纸法》中对此没有丝毫的反映；在编辑委员会、读者权益委员会方面，大国家党认为强制规定各报社必须制定编辑规章本身就是对编辑权的干涉，属于违宪行为，最终通过的法案没有涉及强制报社制定编辑规章的规定，遵从了大国家党的意见；在广告方面，开放国家党和民主劳动党均规定，广告所占比率不得超过报纸整体版面的 50%，大国家党认为这也有违宪之意味，故未就此款做任何规定，最终通过的法案没有反映出对广告的限制。如果连广告比例都要受限，那么本来就已身陷危机的韩国报业不知要如何生存下去。

在广播电视方面，2000 年 12 月，韩国各政治派别最终达成妥协，修订了《广播电视法》，此法将所有电子大众传播媒介、有线电视和卫星电视都囊括其中，因而成为电子大众传播的全面法规。在此基础上成立的韩国广播委员会接管了过去分散在韩国文化体育观光部、信息通信部、联合有线服务委员会及原广播电视委员会的大部分职权。新的《广播法》宣称将提高受众的个人权益，提高教育广播电视的独立性。同时，《广播电视法》还规定“政党不能拥有广播经营者的股票或股份”等。《广播电视法》要求“不具有大韩民国国籍”的人不能成为广播的法人和编排责任人，但传送网除外。《广播电视法》还用大量条款规定了韩国广播委员会的组成、职能等，要求韩国广播公司每年向国会报告经营情况等，也明确了收取收视费的问题。[①]

在互联网方面，2001 年韩国政府颁布《不当互联网站点鉴定标准》《互联网内容过滤法令》，在法律框架上确定了过滤信息内容的合法性，旨在给未成年人以充分的保护。近年来，韩国政府陆续通过了《促进信息化基本法》《信息通信基本保护法》《促进信息通信网络使用及保护信息法》，旨在鼓励举报、删除有害信息及惩罚相关责任人。当时韩国的网络监管采取的是网络实名制。其中 2007 年的《促进使用信息通信网络及信息保护关联法》规定，在情报通信网的利用与促进及情报保护等方面开始实行网络实名制，顾名思义就是网民在登录网站时，要进行身份认证，即使用真实的身份证号码进行认证。影响力与浏览率较高的网站需要严格执行实名制，法律规定对违反法律的行为处以高额罚款。[②]

二、媒介竞争环境：在公共性和商业性间寻找平衡

韩国媒介产业的发展是典型的政府主导型发展模式，在新闻传播制度重构和政策调整中，国家虽然仍具有主体地位，但已经不是唯一的控制主体，更多的制衡力量已经出现。资本介入传媒已经不可避免，虽然它对传媒的公共性、公益性带来冲击，但它继政府之后已成为控制传媒的新势

① 郎劲松.韩国传媒体制创新[M].广州：南方日报出版社，2006：53-58.

② 栾静均.韩国网络监管对中国网络监管的启迪意义[J].今传媒，2015，23(1)：29-30.

力。韩国的报业几乎完全私有化、民营化。广播电视业也已经实现公营体制和民营体制的二元并存，媒体公共性和商业化的矛盾更为明显。

营造友好的媒介竞争环境，在公共性和商业性之间寻找平衡，主要有三个途径。

第一，依靠政府的合理行为。政府关于传媒的公共政策就是为实现公众利益而监控传媒市场的所有行为措施；政府有关新闻政策的目标应是通过新闻报道充分发挥媒体的作用，通过公正和自由的竞争对资源以及生产成本进行更有效率的分配，以便形成民主的市民社会；韩国政府通过新闻发展委员会建立新闻发展基金，扶持弱势报纸和地方性报纸，保证报纸的多样性，使市民具有更多的选择，控制大报的舆论垄断。另外，市场形态调控是为了监督和管理企业的市场行为，通过政府这只“看得见的手”的介入市场竞争，促使企业进行公平又合理的竞争。在自律机制不能有效调控媒体行为的情况下，政府必须以法律的力量来强制制约这些不正当竞争行为。

第二，运用传媒业的竞合理念与策略。一般两个报社为了有效利用设施分早报和晚报发行，共同经营印刷以及广告等，但是这种方法可能出现分配不公，所以韩国报纸最好是广告和编辑都要独立；成立共同销售机构，提高流通部门的效率，给读者提供质量更好、价格更便宜的产品；鼓励建立辛迪加制度，报纸不像广播电视，没有必要所有稿件都由报社内部人采写，多利用外部的笔杆子，使报纸成为多种多样的意见互相讨论的平台，增强报纸舆论的公共性；推行多样化的经营制度，让报纸以多种形式销售。

第三，编辑权的独立和公众的参与。在韩国市民社会的形成过程中，各种市民组织和学界精英们组成了第三方力量，监督和校正传媒实现其公共性；韩国报业大部分是个人或家族企业，为了使编辑活动得到保障，不让个人的利益或盈利的追求毁损言论的公共性和社会责任，有必要制定独立编辑权的制度，按照编辑部门记者的职业规范和专门知识来报道。①

总的来说，韩国政府是发展文化产业的倡导者，也是最有力的支持者。韩国政府清楚地认识到，无论是获得信息的动力，还是拓展产业链的长度，处于市场第一线的企业更具有优势。为此，韩国政府并不是大包大揽，而是注意运用市场经济的规律调动市场主体的积极性。可以说，韩国文化产业成功发展的深层次原因之一，正是处理好了政府和企业之间的关系，特别是把政府的推动因素放在了合理的位置上。②

三、媒介监督环境：有效的社会监管与制约机制

（一）内部制约机制：保证受众委员会的监督评议

《广播电视法》的第6章对试听者权益保护有专门的规定，要求广播经营者“须设立视听者委员会”，同时还要进行自我评议，“须自行设立审议广播节目的机构，在广播节目（报道节目除外）播出之前进行审议”，等等。尤其是韩国广播公司这样的公营广播电视，为了树立广播电视以受众为中心的思想，就要主动实现一体化服务，让更多受众获得参与机会。比如，韩国广播公司受众委员会的人员组成兼顾了多个社会领域，也设有地区视听者委员会；韩国广播公司在网上开设了“受众参与中心”，将受众

---

① 郎劲松.韩国传媒体制创新[M].广州：南方日报出版社，2006：199-209.

② 熊忠辉.中韩电视剧产业的差异[J].视听界，2014(3)：18-22.

意见反馈到经营和节目制作上。

(二)外部参与机制:播出受众自制节目与电视批评讲坛

在这方面,公营广播电视台韩国广播公司提供了一个生动的范本。韩国广播公司节目《开放之窗》是由受众和“受众团体”直接制作、播放的节目,以树立受众参与的公营广播电视形象;韩国广播公司《受众论坛:我们生活的世界》直接通过广播电视反映社会问题和不合理现象,为受众直接反映问题、监督社会建立沟通平台,赋予观众直接的媒体表达权和话语权;除了成为观众批评外部社会的平台外,还接受观众对媒体本身的批评和监督;另外,韩国广播公司不断扩充参观设施,改善对来访人员的服务,也吸引更多人关注韩国广播公司的节目和事业发展。

(三)行业监管机制:法律政策、评议仲裁以及同行监督

行业监管机制包括三个方面:法律政策、评议仲裁以及同行监督。韩国 2000 年制定的《广播电视法》第 72 条规定了电视节目的社会制作比例,但是韩国广播公司与社会的节目交易并不频繁,这也造成了电视台对节目制作、播出的垄断以及整个机构组成中部门繁多、工作人员庞大、成本支出居高不下等问题。韩国广播委员会根据现实情况,不断制定新政策规范行业发展,例如通过政策指导具体的节目配额问题。除了在经济问题上进行监督质疑,在报道内容方面,广播委员会通过审议委员会随时进行校正。正是由于存在这些监管方式,才更能保证和体现公营广播电视体制的制度合理性。①

---

① 郎劲松.韩国传媒体制创新[M].广州:南方日报出版社,2006:112-118.

四、受众认同环境

受众认同环境代表的是媒介与受众之间的关系，不仅仅是指受众对媒体以及媒介产品的感知、认同以及观念态度，还指由媒介营造的产品体系、环境能否获得受众的认同。①

韩国的大众传播媒介推动了社会现代意识的发展和进化。从20世纪60年代开始，韩国经济实力逐渐增强，由于军人政权的高压政治和新闻限制政策，韩国传媒的舆论声音和政治参与受到遏制，但新闻界还是努力地为群众发声。在1960年争取民主的斗争中，韩国报业揭竿而起将学生的抗议活动变成了广泛的群众运动，在“倒李运动”中发挥了重要作用。韩国民众认为，报纸代表了被政府压制的知识分子的声音，所以给予了极大的支持。1987年春，在韩国大规模的群众运动中，韩国媒体再次成为重要的参与力量和推动力量。现代传播媒介作为社会的“监督者”和“协调者”，当威权主义的政治力量为了经济的发展造成社会发展严重失衡时，传媒的声音可以沟通社会和协调社会关系，传播现代社会公民所必备的现代意识和现代观念。

传统媒体环境下，媒体传播形式主要以自上而下方式为主，传播主导权完全掌握在媒体机构方面，受众接受信息时完全处于被动状态。然而在新媒体环境下，受众主体性得到强化，受众可直接进行自我赋权，扮演消息传播者与制造者的角色。韩国独立的参与式新闻网站 OhmyNews 是一个主要由业余记者提供新闻的网络媒体，它高举“每一个市民都是记

---

① 蒋红.中国当前媒介环境和电视节目策划制作的问题[D].重庆：西南政法大学，2008：76.

者”的旗帜，在韩国掀起了市民个体参与新闻报道的浪潮。网站创办时，业余记者数是727人，现在已经有38 000人以上，成员包括大学生、教师、白领、家庭主妇，每天有150—200条市民记者写就的新闻发布在OhmyNews上，平均每篇文章有3 500条评论。[①] 新媒体时代的到来为社会公众的交流互动提供了强有力支撑。

第五节　建立媒介争端的调节机制

媒介行为规范是媒介公信力的基础，但是随着市场经济和媒介环境的不断发展变化，媒介失范所引发的矛盾冲突注定要浮出水面。媒介失范包括违背新闻真实和客观公正报道原则、侵犯隐私权、缺失人文关怀、一味追求经济效益等具体行为。[②] 随着网络等新媒体的兴起，媒体传播已不再是专业机构特有的活动。普通网民通过网络也可以向全国甚至全世界发布信息，并成为传播的主体。媒体报道具有公开、传播范围广、社会影响大等特点，这决定了媒体侵权后果影响大且难以预测，而且涉及的多是侵害人身权利，甚至会进一步侵害当事人的财产权。[③] 近年来，韩国网络新媒体纠纷案例呈快速增长趋势。2015年，在仲裁委员会受理的3 300多件媒体纠纷案件中，网络新闻和门户网站等与网络相关的媒体案件已超过全部受理案件的半数，占67.8%。[④] 面对

---

① 牛光夏.参与式新闻浅析[J].青年记者，2006(22)：68-69.

② 郑玉莹.媒介失范问题及对策研究：基于电影《搜索》中媒介失范行为的案例分析[D].成都：四川省社会科学院，2013：16.

③ 赵昭.韩国媒体仲裁制度的借鉴意义[J].人民论坛，2014(35)：250-252.

④ 洪文军.韩国网络新媒体运维及监管的经验做法[J].军事记者，2016(9)：58-59.

网络时代出现的数量上呈几何式增长的媒体纠纷，仅仅以法律诉讼作为唯一的纠纷解决方式，已不能完全适应当今社会发展的需要，韩国的媒体仲裁委员会为解决媒介争端也提供了参考。

一、法律政策调节——《关于媒体报道导致损失的仲裁与补偿法案》

调节媒介争端离不开坚实的法律基础。韩国《关于媒体报道导致损失的仲裁与补偿法案》于 2005 年 1 月 27 日颁布，正式施行于该年 7 月，并于 2009 年 2 月修订。它是韩国第一部在《广播电视法》和关于期刊的立法法案的基础上，汇编多种关于媒体纠纷案件补偿条款的独立法案。该法案的宗旨是：通过调解或仲裁的方式和有效的补救制度，解决由媒体机构等侵犯他人法律权益的媒体报道带来的纠纷，使公共责任及新闻自由兼容。该法案既保障了媒体报道的自由与独立，也切实维护了公民的个人权利不被侵犯，对完善韩国媒体仲裁委员会与保护公民权利进程做出了巨大贡献。

该法案共分四章。

第一章是一般规定，详细规定该法案的目的以及一些名词，包括媒体、媒体报道、新闻、修正报道等。除此之外，第一章还明确规定了媒体的自由与独立性以及社会责任；对保护死者个人权利做出了富有人道的规定。如当死者权利受到媒体报道的侵犯时，应由其配偶或者直系亲属为其主张权利。如果其配偶和直系亲属均不存在时，可由其兄弟姐妹代为主张。该法案还规定每个媒体企业都应设立监察员以避免和补救任何可能由于媒体报道引发的侵权纠纷，并详细规定了监察员的职责和权限。

第二章规定了媒体仲裁委员会的具体要求。(1)媒体仲裁委员会的组成情况,如应有 1 名主任、1 名或 2 名副主任、1 名或 2 名审计员、40 至 90 名委员。所有成员的任期均为 3 年,可以连任。(2)仲裁员应遵守的规则。(3)对于仲裁庭的规定。(4)仲裁员的回避制度。(5)关于秘书处的相关规定。(6)媒体仲裁委员会应一年汇总报道一次该年度的案件。(7)媒体仲裁委员会的经费来源等。

第三章规定了侵权案件的补救措施,共有三种方式。(1)由受害方向媒体方提出补救请求,包括要求媒体方做出更正报道、要求媒体方做出与之前报道截然不同的报道、要求媒体方对事实进行进一步深入报道等。(2)通过调解的方式双方达成合意解决纠纷,详细具体地规定了调解的程序。(3)通过仲裁的方式解决纠纷。规定了可以申请仲裁的情形、申请仲裁的条件、仲裁的程序以及裁决的效力。

第四章是关于疏忽行为产生刑事责任的规定,对违反规定的一方处以不超过 3 000 万韩元(约合为 18 万元人民币)的罚金。[①]

二、评议仲裁——韩国媒体仲裁委员会

从国内外应对媒体纠纷的做法来看,一些发达国家和地区都在积极研究和寻找法律诉讼之外的多元化解决机制,如美国的新闻评议会、日本的新闻协会、英国的报业投诉委员会以及韩国的媒体仲裁委员会等。韩国的媒体仲裁委员会作为准司法机构,其权威性和高效性备受推崇,它的建立和发展为世界各国日益增多的媒体领域内的纠纷提供了十分有效的

---

① 沈四宝,赵静晨.韩国媒体仲裁制度及其对我国的启示[J].东方法学,2013(1):135-142.

解决途径。

20世纪80年代之前,韩国媒体纠纷一般通过媒体评议会、调查官制度等自律制度或法律诉讼方式解决。但是自律制度不具有法律的强制性,因此难以有效解决纠纷,而法院需要花费一定的时间和费用。韩国在1981年颁布的《基本媒体法》的基础上成立了媒体仲裁委员会(Press Arbitration Commission,PAC),媒体仲裁的概念及其实践由此诞生。媒体仲裁委员会是一个准司法机构,通过调解和仲裁相结合的方式来解决由于媒体不准确报道引发的纠纷,以维护公民的正当权利不受侵犯,预防因错误的或者重大疏忽的报道而对公民或者组织造成的潜在损害。媒体仲裁委员会在对事实做出判断的基础上主要通过4种具体要求来及时解决问题,包括要求更正报道、要求媒体做完全不同于之前报道的声明、要求媒体做进一步深入报道、要求媒体赔偿已造成的损失。媒体仲裁委员会是根据《关于媒体报道导致损失的仲裁与补偿法案》的规定设立的,其既维护媒体的自由与独立,又保护公民的权利不受侵犯。媒体报道应当公正、客观,不得侵犯任何公民的生命、自由、身体、健康、荣誉、隐私、肖像、姓名等权益。媒体仲裁制度的建立是韩国仲裁业的一项创新,为日趋增多的媒体纠纷提供了有效的解决途径。①

三、韩国媒体仲裁委员会的工作特点

(一)独立、中立的仲裁流程

目前,韩国共设有18个仲裁庭,其中有8个位于首尔,釜山、大邱、光

① 沈四宝,赵静晨.韩国媒体仲裁制度及其对我国的启示[J].东方法学,2013(1):135-142.

州等大城市共设有10个仲裁庭。媒体仲裁的组成人员有法官、律师和经验丰富的媒体从业人员。每个仲裁庭的首席专员由主席委任，秘书处是负责支持该委员会运作的机构。媒体仲裁委员会在各地的分布情况反映了媒体仲裁制度在韩国得到充分实践，得到了公众的认可，体现了其存在的价值与社会的需求。

媒体仲裁委员会在接受当事人申请的14日内发给双方仲裁程序开始的指定时间、地点，双方当事人必须在指定时间出席18个仲裁中的任意一个仲裁，若申请者两次均未出席，将视为撤销申请。这一规定体现了韩国媒体仲裁委员会所坚持的自愿和便民两个基本原则，并以切实维护当事人的利益为诉求。媒体仲裁委员会本身是一个公共机构，并不受政府的控制，这保障了仲裁部的独立性和中立性。

作为具有准司法性质的组织机构，韩国媒体仲裁委员会负责调解和仲裁由于媒体报道而产生的纠纷。朴容相主席介绍说："媒体评议会等自律制度因为缺乏法律强制性，难以有效解决纠纷；而法院诉讼则需花费相当多的时间及费用成本。因此媒体仲裁制度可谓既快又好地处理、解决媒体纠纷的制度设计。"

（二）调解与仲裁相结合的解决方式

仲裁委员会的另一个重要特点就是采取调解与仲裁程序相结合的纠纷解决方式——由当事人自由选择，便于分流案件和顺利解决纠纷。以调解方式解决纠纷有利于恢复当事人之间良好关系和彻底解决纠纷，是仲裁活动中解决争议的重要方式；仲裁是指当事人通过订立仲裁协议，自愿将其争议提交仲裁庭进行裁判，并受该裁判约束的一种制度。调解与仲裁相结合，可以将许多案件解决在调解阶段，节省司法资源，便于快速有效解决纠纷。

调解与仲裁范围涵盖当前所有新闻媒体，包括传统的报纸、期刊、广播、电视和网络新闻、IPTV等。当事人应当自知道报道之日起的3个月内向媒体仲裁委员会提出调解或者仲裁申请，但最晚不得超过报道发表之日起6个月。侵权案件的补救措施共有3种方式：一是要求媒体方做出更正报道；二是要求媒体方做出反论报道；三是要求媒体方赔偿损失。另外，被报道为犯罪嫌疑人后来被判无罪或者案件与无罪判决等同的形式终结时，可请求报道无罪事实的事后报道等。

面对全新的媒体环境，韩国媒体仲裁制度也遇到了新的挑战。“网络媒体环境下，只要侵权内容没有彻底根除，侵权就仍然在发生。因此，现在需要一个能够反映网络空间特征的损失补救方案。”朴容相主席表示：“委员会正在准备全新的媒体仲裁法案来保障国民的人格权不受侵犯。法案内容包括新设侵害排除请求权，以补偿由于恶性网络报道或留言等带来的损害。”①

（三）准司法的性质

韩国媒体仲裁委员会是一个具有准司法性质的组织机构。媒体仲裁是私力救济与公力救济之间的过渡型程序，它与诉讼程序存在诸多方面的相似性，不过它依靠的是社会力量而非国家权力解决纷争，故谓其具有“准司法性”。此性质主要表现在仲裁庭的组成上。每一仲裁庭应有5名仲裁委员，这5名仲裁委员分别由1名现任法官、1名律师、1名拥有10年以上工作经验的记者、1名新闻界杰出人物和1名具有专

---

① 王瑞琪.媒体监管与言论仲裁的韩国经验[J].中国经济信息，2016(11)：78-79.

业知识背景的仲裁员组成。仲裁庭应以法官为主，每个仲裁庭的首席仲裁员都应由仲裁委员会主任指定，且必须从现任法官和律师之中选择。仲裁庭的准司法性质着重体现在仲裁庭有现任法官的参与上，这与我国的仲裁制度是截然相反的。我国的仲裁机构属于民间组织，所以为了保证我国仲裁机构能够独立、公正地解决纠纷，真正维护公民的权利，我国规定了法院对仲裁活动的监督制度。我国仲裁员任职资格中规定，“仲裁员应当符合下列条件之一：曾任审判员满8年的”。即一个人不能同时既是审判员又是仲裁员，只有担任过审判员满8年后又离开人民法院工作的人员，才具有担任仲裁员的资格。而韩国法院对于媒体仲裁委员会不具有监督职能，只是对于媒体仲裁委员会的裁决具有强制执行功能，所以在仲裁庭中设置现任法官的席位是完全符合仲裁委员会的职能构想的。韩国媒体仲裁委员会的准司法性质还体现在仲裁庭的组成中虽然有法官，但是不能有行政官员的参与，这表明其仍然是具有民间性质的组织，各机构之间并不具有行政隶属关系。准确把握仲裁庭的准司法性，媒体仲裁委员会可以更好地服务于解决纠纷，凸显其非诉讼纠纷解决机制的优势所在。[①]

总之，大众传播系统是在整个社会系统的框架下运行的，传媒受到政治、经济和文化多方面的影响，友好型媒介环境建设需要多方面因素的共同作用。韩国政治民主的进步、公民社会的建立、教育的普及以及新媒体技术的赋权，都为受众参与媒介服务提供了可能性。受众参与媒介服务也是必要的，这体现在对受众权利的保护、受众生产内容以及提升媒介服

① 沈四宝，赵静晨.韩国媒体仲裁制度及其对我国的启示[J].东方法学，2013(1)：135-142.

务质量水平上。随着网络媒体的崛起，媒介环境愈加复杂，健康的媒介环境离不开法律政策环境、媒介竞争环境、媒介监督环境以及受众认知环境的建设，这几方面相互作用共同为友好型媒介环境建设保驾护航。但不可避免的是，随着市场经济和媒介环境的不断发展变化，媒介失范会引发矛盾冲突，韩国的媒介法律政策和媒体仲裁委员会制度则为解决媒介争端提供了有益参考和借鉴。

结语:"韩国模式"的特征与启示

作为东亚重要的经济体和"亚洲四小龙"之一,韩国自20世纪60年代至90年代,在"政府主导"型出口经济和"科技立国""教育立国""文化立国"等一系列战略部署的推动下飞速发展,在经济上创造"汉江奇迹"的同时,实现了从技术引进到技术创新的跨越。文化、社会及传媒产业也得到空前发展。韩国文化在亚洲和世界的流行,以大众传媒和互联网为载体,以韩剧、江南style等为代表,形成延续数十年、影响全世界的"韩流",成为该国塑造国家形象、树立民族自信和文化产业输出的成功典型。

韩国媒介产业半个多世纪以来的发展与转型固然有其内在动因,但政府在其中的作用是值得考量的首要因素。

一、韩国政府主导型媒介产业的发展特征

(一)政府与媒介产业的关系

韩国的媒介产业发展始于20世纪后期,其方向大致是从威权主义向开放的产业化转型,其转型是在权力、资本和技术三者之间的纠葛与博弈

中形成改革合力从而完成的。作为韩国媒介产业转型的主导力量,韩国政府通过政策层面的顶层设计,借助自上而下的改革与推动促进了产业的更新迭代。同时,透过韩国传媒产业的历史性转型,我们不难窥见这一产业化变革进程与韩国政治体制改革的同步共振,也就是说政治改革的方向、广度与深度从根本上决定了其媒介产业的发展趋势。

韩国媒介产业与政府的关系经历了由"威权体制下的协作"到1987年以后的"与民主政体合作/批评",再到1997年改革派执政之后"与新政府的敌对"的发展轨迹,其间发生了多次政策调整和多部相关法律的修订和颁布。当代的韩国媒体与政府的关系,既不是简单的附属关系,也不是直接的对手关系,而是既合作又批评的关系。在这样的政策观念指导下,韩国传媒的国家管理体制既实现了法治化的间接调控,同时又是带有政府干预色彩的国家主导模式。新闻界自身的民主理念和专业精神,以及独立自治、客观公正的自我管理体系还有待完善。同时值得注意的是,在韩国政治民主化转型完成后,政府放松了对媒体的管制,从而释放了媒体的能量。媒体的产业功能迅速扩张,进一步增强了媒体与资本的合作。在这一过程中,政府利用媒体市场逐利的倾向,对媒体进行间接控制和引导。①

(二)韩国传媒产业发展中的政府作用方式

正如上文所述,韩国对媒介产业的促进与引导,是通过政府强力主导与市场力量的双管齐下来实现的,在注重市场的基础之上,发挥政府的作用,使两种手段产生合力。文化产业在韩国被视为经济发展的一个增长

① 张涛甫.试论韩国媒体与政治的关系[J].杭州师范大学学报,2009(4):55-62.

点，其资本性强于其社会性和公益性。因此这种政府的作用并非是直接介入式和审查式的，更不存在市场化经营与政府管控之间的博弈，而是以服务和引导为主，以政府和市场相向而行的方式运作。第一，韩国政府维护媒介市场的规范运行。从 20 世纪 80 年代开始，韩国媒介产业实行商业化运作，在激烈的商业化竞争中，出现了不正当竞争的情况，韩国政府对此进行了干预，但不同于西方的方式。例如对报刊的发行量韩国政府没有引进西方公审公开制度。1989 年韩国成立发行审计局，负责证实、发布媒体的发行量、收听率、收视率和销售额等数据，提供真实可靠的材料，避免市场秩序混乱。第二，韩国政府主动引入竞争，推动市场形成竞争局面。例如在互联网运营中引入市场化竞争机制，以促进韩国网络宽带服务的迅速提升。第三，韩国政府积极促进媒介产业国际市场竞争力的提升。政府制定了一系列长期发展规划，如"娱乐信息产业培养计划""信息通信技术开发五年计划"等，将传媒业发展纳入文化产业发展总体蓝图之中，作为国民经济重要支柱性产业，促进媒介产业走向海外市场，并取得了丰硕的成果。[①]

(三)韩国传媒产业法中的战略规划方式和法制化特点

韩国文化产业自发展之初就表现出政策先行、法律跟进的特点。韩国较早地制定了传媒业统一的法律制度，使得传媒业的产业属性得以明确，因此也就避免了在传媒规制中的种种不确定性和主观色彩。1998 年韩国政府就正式提出"文化立国"方针。1999 年至 2001 年先后制定《文化产业发展五年计划》《文化产业发展推进计划》，明确文化产业发展战略

---

① 刘洁.主导·协作·博弈：当代媒介产业与政府关系[M].武汉：华中科技大学出版社，2006：244-246.

和中长期发展规划，使发展文化产业成为一项国策。在政策背景下，韩国政府加强法治建设，于1999年制定了《文化产业振兴基本法》，提出振兴文化产业的基本方针政策。为适应数字化信息时代文化产业发展的需要，韩国陆续对《影像振兴基本法》《著作权法》《电影振兴法》《演出法》《广播法》《唱片、录像制品及游戏产品法》等进行了部分或全面修改。在报业方面，韩国政府于2004年开始修订原有的《定期出版物法》，于2005年公布了新的《报纸法》，通过立法，要求以私人(家族)所有制为主的报业必须向政府提供其发行量、市场占有率、收益情况等，并成立新闻发展基金会，扶持中小型报业，丰富报业市场。在广电领域，政府制定法律、政策，推动社会制作公司发展；在广告方面，打破垄断，赋予民营电视台更大的经济空间。此外，操作性较强的政策纷纷出台，如通过运作“文化产业专门投资组合”，鼓励以社会资金为主，政府与民间共同投资。①

正是由于法律法规的完善，韩国媒体的编辑权和人事权才得以逐渐独立，媒体的自主空间不断扩大，媒体获得了专业自主权，并充分把握了全球化的浪潮，富有成效地开拓了海外市场，使得韩国的文化产业能够在世界范围内掀起“韩流”。

二、韩国政府主导型媒介产业发展模式的启示

就历史发展而言，韩国长期处于封建专制制度之下，儒家文化熏陶久远，制度惯性和文化渊源都限制了其经济和社会发展的可能性，因此其改革的方向必然是从封闭走向开放，从传统走向现代。虽然韩国政治、经济

---

① 郎劲松，邓文卿，侯月娟.社会变迁与传媒体制重构：亚洲部分国家和地区传媒制度研究[M].北京：中国传媒大学出版社，2010：18-21.

和社会的转型也经历了诸多波折,但是在进入新千年之后,其在诸多领域都获得了突破性发展和持久的稳定性,甚至在一些方面曾经一度引领世界趋势,这一点尤其在媒介产业的酝酿与发展中表现更甚。韩国媒介产业的发展甚至可以说是韩国政治变革的副产品,是随着韩国政治制度的变革而逐渐释放其产业发展的动能的。因此,在韩国媒介产业的发展过程中政府主导地位尤为突出。当今,韩国的媒介产业发展模式已然逐渐明晰并在国际市场上取得了显著的成效。"韩流"不仅传遍亚洲,而且走向了世界,成为世界传媒产业中的一道靓丽风景。由此,在分析韩国传媒产业发展的基础上,可以总结出以下几方面的启示。

(一)优化制度供给,使政府在媒介产业发展中合理作为

在政府主导的体制之下,制度供给是产业发展的焦点。要在制度供给方面实现创新和增量,有两个基本前提:一是为传媒产业提供良好的生存与发展空间,给予传媒内部的制度创新、机制转换充分的政策支持;二是创新媒介规制体制。从韩国政府对传媒产业的规制来看,主要有两个方面的经验:一是转变政府职能,实行政事、政企分开,管办分离,其中管办分离是关键;二是创新管理方式和手段,特别是要更多地使用经济手段进行管理,加强法制化管理。

从韩国媒介产业的发展经验可以发现,规制者既不是对经济的宏观调控,也不是对企业内部的行政管理,而是以中立的态度依法对微观主体实施外部约束,其主要目的是维护有效竞争的市场环境,解决制作、传输、播出环节的垄断问题,降低资费、改善服务。在法制框架下充分发挥了市场机制的作用,并逐步扩大了市场机制发挥作用的范围。当然需要看到,韩国媒体产业发展中存在的主要问题是在商业化的产业发展环境中如何保障传媒的公共性，从而防止资本垄断对公共性的侵害。因此，真正实现媒介的公共性，使传媒业真正成为公共利益的代言人也是政府合理作为的一个重要方面。

（二）明确战略定位，确立行业发展的法治导向

韩国媒介产业化发展的迅速勃兴离不开韩国政府对文化产业的定位——韩国未来经济的主导方向。韩国的文化产业已经上升为国家的经济战略目标并有总体安排。这是基于韩国在20世纪90年代经历了金融危机，在经济上受到重创之后，重振国民经济而提出的国家发展战略之一。同时，韩国的媒介产业经济同其他的产业发展一样都是外向型，这主要是基于韩国国内市场和资源的限制，因此，让韩国的媒介产业立起来、走出去才能不断融入国际市场、参与国际竞争，并在这一竞争中成为韩国经济发展的增长点。

同时，“依法治业”是许多国家传媒业改革与发展的成功经验，韩国也不例外，韩国的媒介产业发展始终是以法治为导向的，因此也就排除了在媒介产业规制中的随意性和政出多门现象。同时，韩国媒介产业也在韩国政府的主导下不断地对行业法律法规进行相应的调整和完善。在这些法律的规制下，韩国政府及其相应的媒介规制机构KCC也为韩国媒介产业营造了一个公平健康的发展环境。由此可见，在政府主导下，未来的媒介产业必将伴随着法律法规方面的相应调整和完善，以法治为基础实现对传媒产业发展的有效促进和管理应是大势所趋。

（三）整合规制机构，打破行政垄断和行业壁垒

纵观韩国政府主导型的传媒产业的发展，可以发现，它是一个政府机构、政治家、企业、利益集团以及媒介消费者之间的博弈过程，因各方的目标不同,这一过程也在互相妥协与协调中不断向前发展。但在韩国的媒介体系中,最大的特点还是政府与媒介企业之间结成的政企联盟,它把规制机构从原来的意识形态主导模式中解放出来,形成了责权明确的独立规制机构。诚然,这一结合极有可能给前文所述的媒介公共性带来损害,但从另一方面来说,政府规制机构的整合与调整也为破除行政垄断和行业壁垒提供了一条新的思路。

建构合理的规制制度,一是要完善规制的行政程序,加强对规制主体的监管,完善听证会制度,吸引消费者、企业等各方利益代表参与并充分阐述自己的观点;二是要加强规制过程的透明度,提高对规制机构权力运作的监督,维护社会公共利益,防止规制部门的腐败、寻租、官僚主义与低效率,保障规制政策的公平公正;三是建立相对独立的规制机构,避免政府既当裁判员又当运动员的状况,保障决策的公正和过程的透明,优化规制行为、提高规制效率。

为打破行政垄断和行业壁垒,在纵向组织结构上,明确政府规制的边界,减少政府干预的幅度,实行统一的大部门体制,减少部门之间的协调工作,消除职能的交叉,建立职责分明、资源共享和相互协调的部门伙伴关系。在横向组织架构上,要形成有效的沟通和协商机制,解决政府规制重叠和规制缺位的问题,通过设立协调委员会等形式的常设性协调机构,应对重大的或难以解决的问题,并赋予机构实质性的权力以协调各方矛盾,真正解决传媒业发展存在的问题。[①]

---

① 肖叶飞.广播电视规制研究[M].芜湖:安徽师范大学出版社,2013:272.

(四)政府从监管者走向服务者,建立归属明确、产权明晰的现代传媒企业

从韩国媒介产业发展的历程中可以发现,打造具有高度竞争力的媒介产业需要根据现代企业制度的要求建立健全完善的传媒业公司治理结构,使传媒业具备科学、高效和规范的企业组织制度和管理制度。具体而言,就是要在传媒企业中建立股东会、董事会、经理人和监事会等相应的决策、执行和监督机构。按照《公司法》和公司章程的要求,建立起一套既能充分保障各方利益,调动各方积极性,又能有效实现权力制衡和监督的运营体系,将按劳分配和按生产要素分配结合起来,允许一些拥有特殊才能和自主知识产权的人才占有股份并参与利润分配。建立归属清晰、产权明确的现代传媒企业,赋予企业更多的自主经营权,打破行业、地域的界限,对优质资源优化配置。从而拓展媒体业务渠道,参与国际市场竞争,由此真正实现传媒企业的做大做强。①

---

① 刘成高,姜淼.政府规制改革与我国传媒产业发展研究[J].新闻界,2011(9):82-85.

附　录

韩国传播学者访谈之一：亚洲背景下的新闻传播研究和教育

——ACR主编、高丽大学言论学部吴泽燮教授访谈录

■　受访者：〔韩〕吴泽燮　采访者：龙　耘　翻译者：郭　豫

关于传播学在韩国的引进与发展

龙耘（以下简称“龙”）：您在20世纪60年代毕业于汉城大学国际关系学系，继而远赴美国留学，并相继获得印第安纳大学新闻学硕士学位和传播学博士学位，之后返回祖国，在高丽大学执教，曾任新闻与大众传播研究生院院长等职。据我所知，在韩国传播学界，有一批像您这样在20世纪六七十年代留学海外的学者，成为韩国新闻学和传播学发展的元老或中坚力量。请问您是怎样评价你们这一代开拓者的作用的？与近些年学成回国的新一代“海归派”相比，您认为这两代学人之间有哪些差异？韩国还有一些土生土长的新闻传播学者。这三种类型的学者在学术主

张、研究风格等方面有什么不同特征吗?

吴泽燮(以下简称"吴"):就留学生而言,我们这一代并不是第一批,比我早1—10年的前辈虽然不多,但也有将近十位吧。他们回国后在新闻放送学科的创立上起到了决定性的作用。在那之前,大众传播只不过是社会科学或人文学科中的一个科目,并不是一个独立的专业。早期留学派把学问体系化了,而且最先向韩国介绍了这个学科。近年来三、四十岁左右的留学学者们有很多在美国学术界也受到瞩目,而且相当一部分学成回国后都成为相关研究领域的主要力量。海外留学派分为欧洲派、美国派和日本派。美国派的人数很多,也很多样化(文化人类学、电影学、广告学、传统新闻学等),而欧洲派大多是批判型的。我认为他们之间是互补的关系,并不存在什么矛盾。在20世纪80年代初期欧美派之间曾有过纷争,但后来都平息了。

由于英、法、德、日等国的书籍和教材在海外一出版马上就能进入韩国,所以纯粹的国内派们也很容易接触到这些原版书。这样就使得他们和在美国留学接受的教育没什么大的差异。这些人大多是偏重于韩国式的Communication。国内派在势力上比起留学派有点薄弱,但在学术知识上绝不比欧洲派和美国派差。

龙:关于新闻学与传播学的关系,由于历史的原因,在中国是很难分开的。韩国的情况怎样?传播学在韩国引进、发展过程中有没有遇到过学术身份认同的问题?它在韩国被认为是一个独立的学科吗?

吴:直到20世纪80年代中期,韩国还一直把这个学科称为新闻学。这方面汉城大学是最典型的。高丽大学从前叫新闻放送学,现在有言论系、言论情报系等称呼。虽然叫法上五花八门,但讲授内容并没有太大差别。

汉城大学的 Lee Gi－won 博士最初只是个新闻工作者，后来成为东洋通信的社长，他在汉城大学创立了新闻研究所，随后又设立了新闻系。后来，高丽大学、延世大学、梨花女子大学也都设立了独立的专业。我是 1981 年来到高丽大学的，当时关于这个专业的教科书还不全。后来陆续有了我们自己的教授编写的关于传播研究方法论、大众传媒理论之类的教科书。现在新闻放送学在我国已经有了一定的根基了。

龙：据我所知，高丽大学早在 1965 年就成立了言论部。“新闻传播学”这个学科的名称，英文同样是 Journalism & Mass Communication，但我注意到各大学的叫法都不太一致。有的叫新闻放送，有的叫言论部，还有的叫言论情报学科。在我看来，言论情报学与传播学应该还是有所区别的。

吴：这种区别在韩国不太明显。韩国言论学会也有登载评论的杂志和学术刊物。评论和学术论文的不同在于：评论是以证据和论据来证明观点而学术论文则要求更加系统、客观。言论情报学无论是在中国还是韩国，其自身的见解和学问都不太容易被认知，还没有形成自己的理论体系。应该区分论文和文章的不同。对于学者们的论文最难堪的评价就是“您不是在写论文，而是在写文章”。而且没有论据发表言论不是学者们做的事。有的人在没有任何论据的情况下只凭个人信仰和信念就把自己的主张加入论文，我认为这是不应该的。作为学者，虽然不能价值中立，但在写论文的时候不论是赞扬还是批判，都要有充分的证据来支持自己的观点。

龙：我注意到您除了学术研究和教学外，还担任许多重要的社会兼职。作为一名资深学者，您是怎样看待和处理科学研究与各种社会活动的关系的？韩国政界、新闻界与学界的关系密切吗？

吴：学者就是做学问，参与社会活动就不能做学者。这两者是不能同时存在的。以前做官员的学者如果想重新回到学术界也不会被接受。我个人认为做学问的同时参与社会活动绝不是有益的事，所以如果给我一个从事社会活动的机会（比如在企业、政界等做事的话），我会从学校辞职。原本政府和言论界之间就应该像美国的理想主义者所认为的那样拥有善意的对立关系，对于中国和韩国把两者看成是相扶相助的关系，我很不满。我认为学会应该致力于言论方面的研究，以个人的立场来采取行动并不可取。卢武铉政府说过"批评可以，但不要抓住不放"。言论界就应该这样做，而不应该从打倒人的角度出发。这种事是自律的，而不是用法律来约束的。

龙：我在网上浏览到贵校新闻传播学科的课程设置情况，与汉城大学传播学专业相比，贵校该专业的课程设置似乎更加细致，更强调专业化和职业化。作为韩国最好的私立大学，就传播学的办学与研究而言，您认为与国立的汉城大学相比有什么差异？在办学方向、专业、课程设置、毕业生求职等方面，私立大学与国立大学相关科系在培养目标上有没有不同的定位？国家的政策起作用吗？是否会更偏向于国立大学？

吴：高丽大学应用型的课程很多，我们有责任教授更多实用性的知识。新闻传媒界和学生也都提出这样的要求。但是一味只强调实用的话，就和技术工作者没什么区别了。大学至少也应该教些理论性的东西。比如说，原本多提供给女性吃的冰激凌，男性却成为大部分的消费者，这是为什么？类似的理论显然也有必要学。

龙:据我所知,实用性的课程大多会请一些富有经验的从业者来讲授。学生欢迎这种做法吗?

吴:这是一个有利有弊的选择。如果说目前的教学中有矛盾的话,那就是报社、电台、电视台以及广告行业工作的人在大学给学生们上课的时候学问不够。他们虽然现场经验很多,但只凭现场经验往往很容易抬杠和固执。在如今强调研究型和专业性教育的大学里,我个人的主张和这种只坚持实务教学的做法有很大的冲突。

关于亚洲背景下的传播学研究和教育

龙:《亚洲传播研究》(*Asian Communication Research*,*ACR*)是继新加坡的 *Asian Journal of Communication* 之后的一份重要的国际性刊物。作为亚洲少有的英文版传播学专业期刊的主编,请您谈谈相关的情况和您的编辑思想。它的主办机构 Korea Society for Journalism and Communication Studies (KSJCS)是一个怎样的团体呢?你们是怎样解决办刊的资金来源、人员构成等问题的? *ACR* 要立志成为相关领域的"旗舰期刊"(flagship journal),有哪些具体的措施和设想吗?

吴:*ACR* 一年发行两次,刊登的都是质量非常好的论文。虽然在日本和中国还没有什么知名度,而且迄今为止登载的论文数量也很少,但在新加坡和东南亚的出版却很有影响力。*ACR* 是由韩国言论学会主办并发行的公开的国际性学术刊物。出版杂志需要的钱由 media 研究所(由《朝鲜日报》设立的非营利性财团)赞助。现在只有我和梨花女子大学的 Park Sung Hee 教授负责。我是主编,他是编辑,没有办公室。我们以

online 方式收集资料和论文，与海外的学者们联络和发论文、收评论等都用 online 的方式，所以没有什么费用。*ACR* 不收其他论文刊物刊登的论文。我们收到论文原稿后写出提要，再发给我们认为最有资格的评论家。如果评论家愿意给写评论，就把原文发过去。我一直希望 *ACR* 能多刊登一些专门以中、韩、日等东北亚国家为内容的论文，现在英文版的杂志也很欠缺这方面的内容。中国有很多现象会引起全世界的关注，希望多些这方面的研究。我也特别希望这个杂志能摆放在贵校的图书馆中。全世界的学者们每年都要写几篇论文，但大部分人都想刊载在一些有国际知名度的杂志或学术刊物上。作为新办的英文学术刊物的负责人，我希望能多发表中国学者们的文章。

龙：我在贵刊的第一期上看到了关于 *ACR* 的蓝图描绘（*A Blueprint for Excellence for the Asian Communication Research*）的文章。其中对国际传播学界的九种权威期刊进行内容分析，结论是关于亚洲的传播方面的议题很少。你是如何看待这种现象的？我注意到发表上述论文的作者是西方人。这篇论文是特约的稿件吗？能否介绍一下作者的身份？为什么不是亚洲的学者去做这件事情呢？

吴：九种很重要的世界性杂志都是以美国为中心发行的，所以只能距离亚洲圈越来越远。因此，我创办了 *ACR*。但如果以亚洲太平洋圈为研究对象的论文还不到 1%的话，那就没有什么意义了。这并没有什么特别的原因。这个作者在该领域很有权威性，很擅长，不一定非要亚洲的作者来写。有些时候欧美的作者更有独到的见解。

龙：在促进亚洲地区的新闻传播学发展方面，中日韩三国已经形成了相对固定的制度。听说 2004 年 8 月底中日韩广播电视年会又要在汉城举行。您是怎样看待亚洲各国之间的学术交流的？请谈谈您关于亚洲传播学的总体观点。

吴:全球化的议题并不多。跨国传媒把亚洲圈、美国的言论媒体都凝聚成一个团体。这个议题给中国、韩国带来什么样的影响呢？把国际化的议题变为地区化、地区化的变为国际化。怎样才能使中国特殊的议题出现在国际论坛上？

中国人父母和子女的关系等在传播中有一定的样板，这和世界现有的模式有对立的一面。韩国也要寻找韩国式的、东洋式的传播。应该重新考虑属于我们的传播是什么、怎样才能把它体系化、理论化？韩国式的传播学很完善吗？很不幸，不是的。到目前为止只是有过很多想法，还没有实现。倒是有一位已经过世的著名西方学者 Steven Charles，他研究用什么样的主题来开始父母和子女间的对话，这个过程是垂直的还是水平的？经过研究他得出了四种类型。不要把主题的范围定的太大，应该从小的题目着手(比如，家庭内部的对话)。中韩都是亚洲地区具有代表性的国家，我们的传播学研究应该向历史学、社会学学习，应该考虑怎样寻找中国的、韩国的范式，并将其扩展成为世界的、国际化的范式。

(受访者吴泽燮系韩国 *ACR* 主编、高丽大学言论学部教授；采访者龙耘系中国传媒大学广播电视研究中心副主任、副教授；翻译者郭豫系汉城大学亚洲大学院硕士生)

(原载于《现代传播》2005 年第 3 期)

韩国传播学者访谈之二：韩国新闻传播学与社会的互动

——国立汉城大学传播系康贤斗教授访谈录①

□受访者：〔韩〕康贤斗　□采访者：龙耘　□翻译者：文春英

[访谈时间、地点]2004年5月22日16:00—18:30，韩国昌原国际大饭店会客厅；

2004年5月23日10:20—12:30，韩国昌原—汉城高速列车。

龙耘(以下简称"龙")：关于韩国1970年代的传播学，您曾经在1994年的一篇文章里提出这样的观点：它不是初创阶段新闻教育和研究的拓展，而是新闻业务教育的学术传统的断代、遗失，甚至被西方大众传媒研究吞并。您提出这一看法主要是针对哪些问题呢？在韩国，传统的新闻学与目前的传播学是怎样的一种关系？

康贤斗(以下简称"康")：我们谈到传播学，传播学在韩国叫言论学，

---

① 本文系"韩国高等教育财团(KFAS)国际学者交流项目"资助研究的部分成果。

这也是1986年以后的事，之前叫新闻学。韩国新闻学会1986年以后才改称言论学会，我正好任那届会长，为转换这个名字也做了很多努力。改变学会的名称当然有原因，以前的名称是新闻学会，因为当时叫新闻学会已经很难涵盖整个学科及其领域，改变学会名称是反映变化了的现实的正式宣言。

龙：*为什么不叫传播学或新闻学而叫言论学呢？*

康：新闻学会在韩国传统上是指研究报纸的学会，而实际上当时大学所讲的课程包括了报纸、广播、电视、广告等所有的媒介现象。研究广播、电视和广告的学者做项目，必须在新闻学会名义下做，名称还关系到研究资助，学界感到这个名字已不适应变化了的形势，要换掉的呼声很高。

韩国的传播学研究最初是在新闻学名下展开的，最早完全是从报纸业务的角度进行的。那篇文章中也提到郭福山、崔俊教授，他们是韩国新闻学的开拓者，他们是从日本、德国学习归来，当时的新闻学，是以报纸这样一个较窄的新闻媒体为研究对象，研究报道怎么写、消息怎么写，完全从业务的角度出发。或者是从告示的角度，德国的新闻学也叫告示学(Publicity)，公告、告示的意思。1960年代之后进入广播电视时代，大众传媒迅速普及，对其社会影响的学术关注和兴趣也随之涌现，同时需要培养从业者。在这一背景下，汉城大学首次成立新闻研究所、新闻大学院培养研究生。此前是新闻(Journalism)教育和研究，从此则开始了传播(Communication)研究，比如：大众传媒对社会的影响、受众行为、传媒与政治的关系、方法论、统计等，还引进了全新的研究领域和方法，更加系统、全面地考察媒介现象。

汉城大学成立新闻大学院、从新闻业务研究转向传播现象研究之后，其他院校也纷纷效仿，成立相关院系。1960年代之后新成立的系都称新闻放送，名称加了放送(广播电视)二字，课程也不仅仅是业务研究，而是作为社会科学来讲授。研究领域扩大了，研究的人也越来越多，从事传统的新闻学研究；从业务角度进行研究的人在学会中越来越少，研究大众传媒现象，从社会科学角度进行研究的学者日趋增多。这样整个新闻学学会的学术氛围就发生了变化。

龙：韩国的相关机构为何没有用“Communication”这个词作为学会的名称？

康：当时韩国的文教部有政策，规定不能用外来语。必须要从本国语中找一个最贴切的词，现在虽然允许，但是当时是不允许的。最后确定用言论学科、言论学会这样的名称。

龙：有的为何又叫言论情报学？

康：正式的名称虽然是 Communication，但针对不同的研究内容，出现了很多新词。汉城大学的相关研究力量是以留学派为核心(1967年及1968年回国)形成的。Information 一词当作“信息”来讲，只是最近的事，在1960年代，很少用 Information，用也是指“情报”。“信息社会”这个概念是1980年代从日本传来的，也就是从1980年代开始，“信息”才作为传播学研究中的关键词出现。

龙：“言论”按照中文的理解，更多是 Opinion，即一种观点而非客观报道，韩语中的这个词是否也含有强调某种主观倾向的意思呢？

康：同样一个汉字，中、韩、日三国目前使用的含义和解释是不一样的。言论一词，韩国使用非常广泛，起初对应的是 Press，它和舆论不一样，舆论是 Opinion。此词现在包括了许多媒介，概括所有大众传媒，几乎是大众传媒的同义词，以强调大众传媒的 Journalism 侧面。由于当时不能用外来语，因此将 Communication 学科名称进行韩语化处理，就是所谓的言论学。

龙：传统的新闻学就是培养学生的新闻业务技能等，包括新闻伦理方面的许多内容，您所说的丢失就是指这种传统的遗失吗？

康：这也是一个需要花较多力气来解释的问题。表面上看，学新闻放送学科的学生毕业后就可以去当记者等，但韩国的媒介是从所有的大学毕业生中招收从业人员的，并非你读新闻系就一定能去做记者。因为媒介招人时，任何人都能去考试，考试科目与新闻业务无关，新闻系毕业生考试中并无特别优势。所以学校里教学生新闻业务并没多少实用意义。另一方面，大学教的是作为社会现象的传媒现象，多研究传媒与社会的关系，因此是社会科学性质的研究。新闻学最早始于新闻业务，这一时期却是作为社会科学进行研究，当然，不是说传统的新闻业务研究一点没有，也并非完全断绝，但的确越来越窄，少到令人担心的程度。作为学者，当时很担心。还有另外一个因素，当时，成立了大学院，大学院是做研究的地方，目的是要培养学者，同时也意味着高校老师更多地是做学术研究而非业务研究。老师开始关注研究，实际上整个学界的面貌发生了变化：开始向研究的而非业务的方向倾斜。

另一个背景是美国 1970 年代初的计算机出现，统计的方法深入社科研究的每个领域。1970 年代中期，T & M(Theory and Methodology)在韩国整个学界引起高度关注，“方法论”成为关键词，这一时期，在学界起重要作用的是一批回国的留美博士，他们在韩国也积极推进理论与方法论研究。提到"T & M"就不再是 Training,而是 Research。这个时代大约从 1970 年代后期一直延续到 1980 年代中后期,"T & M" 概念支配着整个韩国学界。这里实际上是指美国的理论,进一步说就是量化的实证研究理论,它遵循的是美国的那一套方法。1980 年代中后期出现了批判理论,与传统学派对峙,实际上是一种改良研究。研究视野也从美国拓展到法国、欧洲,还有文化研究。

龙:正如您所说,从 1960 年代开始,一批在国外(主要是西方)学习传播学后归国的留学派,引进了新的理论与研究方法。而您本人就是其中的一位。如何运用所学知识做韩国的研究,您当时是否有困惑?新一代海归派,您认为与老一代学者有哪些区别?就中国的情形而言,由于近 20 多年来的社会巨变,新一代海归派虽然在国外接受了系统的学术训练,但却对中国的现实、国情缺乏体认。

康:我能够理解中国学界目前所遇到的困惑。但韩国的情况与中国有所不同。1960 年代从国外回来的海归派将传播学研究视作社会科学的一个研究领域,在我之前有几位老师,其中像金硅焕先生就堪称韩国开创美式的亚洲传媒理论教育的第一人,他于 1964 年创办了汉城大学新闻研究所。美国的大众传播理论像拉扎斯菲尔德、拉斯维尔、霍夫兰等人的理论也就是 1959 年、1960 年出来的,韩国在 1961 年、1962 年就介绍或引入了美国的传播学研究,从时间上看,可以说韩国基本上是和美国同步的。这些理论当时也很粗糙,多是定性研究,即揭示传播学是什么东西,对于解释韩国的现象而言,它并不是多么领先的理论。1960 年代世界正处于发展时代,对发展中国家来讲,传媒为国家和社会的发展、富强做贡献成为其最大课题,当时发展传播学理论成为热门,而美国这样较发达的社会是不关注这样的课题的，它们更关心传播行为等定性研究。但韩国这样的国家可能更关心发展传播学的课题，这是一种规律。统计并不涉及国家问题和理论问题，统计没有国界。

中国是有传统的，不仅是学界传统，还有新闻业务传统及社会主义体制下特有的传统。而这些在韩国不存在。1960 年代初期韩国开始了相关研究，但这种开始仅仅是一个开端，是几位先知先觉的学者或开拓者从欧洲或美国借来这样的理论，而实际上此后的十年时间里，并没有实质性的学术研究活动的积累，也没有和传统形成很大的冲撞。

我是 1963 年去美国读书的，1966 年拿的学位，1967 年回了韩国。韩国在 1970 年代中后期开始谈理论与方法论问题，美国也差不多。当时美国除了南部和中部几个地方，大部分院校最多只是培养硕士，也就是说还停留在新闻业务研究为主的阶段。一直到 1960 年代后期统计学的发展为传播学提供了方法论，美国也才开始开设博士学位课程，向学术研究的方向发展。所以，在 1970 年代，韩国学界并没有您刚才提到的那类问题。

与中国目前所面临的问题，不能说完全一样，类似的问题是在 1980 年代中期之后出现的，越来越多的海外归来的人开始对经验主义的研究方法提出质疑，认为其理论及方法不适合韩国的国情，学界开始讨论许多相关问题，更多地注重意识形态、理念，注重批判研究，注重对传播根本性质的把握。这实际上是对以往研究进行回顾和反省，是对美国理论的不足的反省，并提出需要韩国化的传播学研究。在韩国，对美国传播理论的批判，是从其对政治权力的支配和依附开始的，那么能否找到一种理论来说明媒介与政治权力之间的现实关系呢？这个替代理论就是批判理论，它不是来自韩国本土，而是从欧洲引进。批判理论的摇篮仍然在汉城大学。美国理论是以拥护现有体制为前提的，它并不揭示隐藏于其后的支配和权力关系，甚至提都不提。与美国实证主义理论的传播研究不同，批判理论的主导者不是海归派，而是一批在韩国土生土长的研究者，其中一批年轻学者发挥核心作用，形成一股批判理论的潮流，并逐步发展、形成了韩国自己的批判理论。

龙：当时韩国负笈留学欧洲的人多吗？

康：有几位从欧洲留学回来的，但不多，最早引进批判理论时这批人起到了一定作用，他们的成果主要是翻译介绍，但后来韩国逐渐地开始自发地再生产，其摇篮、核心依然是汉城大学社会科学大学院，具体说就是指言论情报学科。这是韩国相关领域最早的研究机构，当时言论情报学科的研究集中在两方面：一是新闻业务研究，开始强调实证的方法，即从传统的新闻学研究向社会科学研究的方向转化；二是批判理论的引进与发展，被称作传统新闻学的第二次社会科学化。

1980年代初的韩国社会还是军人政府、专制政权，许多书籍、音像制品不让进口、出版、买卖。1980年代中期，一些马克思主义和社会主义的书籍在韩国社会秘密流通，早先是从日本翻译过来的马克思著作，1980年代年轻人开始看马克思的德文原著。年青学者纷纷建立学习小组，阅读德文原著，整个学界开始有了欧洲的视角，关注欧洲理论。

龙：前不久我曾经和韩国朋友一起去国乐院欣赏贵国的传统节目“扳索哩”，据说是为庆祝申请世界文化遗产成功而举办的演出，但给我印象很深的是，尽管表演者都是堪称“国宝”的韩国最知名的老一代艺术家，但还是有不少青年观众都中途退场了，这种漠视本土传统文化的现象在中国也很普遍。作为一名资深的传播学者，您是怎么看待“全球化”“本土化""西化"等一系列相关问题的？

康：这是一个仁者见仁、智者见智的问题，每个人的回答可能都不一样，您问我的想法，我只谈我的想法，但不意味着这就是答案。这是要继续探讨的问题，可以有各种各样的角度去认识这个问题。这只是我的主观想法，不同于刚才的问题，刚才的问题是相对客观的。这个题目很大，我把它缩小一点来回答。我也同意，欣赏传统文化艺术的人群年龄较大，青年人减少，这一现象确是事实。首先，这一现象正是能够说明大众传媒的影响和起到的重要作用，虽然有学校教育、家庭教育，但是从影响力来说，仍然是大众传媒最大，而大众传媒所承载的内容，大部分是新形态的、西方的文化艺术内容，而且是大众化的。在这样的大众传媒环境中出生、长大、生活的年轻人，只有在这样的环境下才会感到更舒服。过去传统的韩国舞蹈的动作是耸肩，但现在是踢踏脚，身体语言本身发生了变化，年轻人的身体结构也变化了，更高了更壮了，他们更能够接受西方的生活方式，在整体的变化潮流中这种趋势会不断加强。另外，日新月异的新媒体新技术，比如互联网、移动电话等，承载的不是传统的文化内容，更多的是更加新潮的西方文化，年轻人在其中寻找自己的身份认同，如果你不是这样，对他们来说就是"他者"，不是"我"。这种现象会继续被强化。

您提到了全球化（Globalization）这个词，大众传媒的主流被西方传媒支配，全球媒体、全球的文化流动，支配者也是西方，我们的大众传媒自然会向那方面倾斜。记得我在2001年以韩国数字卫星放送公司CEO的身份访问贵国广电总局时曾谈到过，我们需要中日韩，尤其是中韩合作，共同培育和分享媒介市场。我们也谈到新信息秩序，英美支配的世界文化秩序，我们东北亚有自己的区域文化，应该发展承载现代文化内容的市场，不仅守护亚洲文化市场，形成东北亚文化，还要向全球文化市场进军。现在看来这个问题仍然很重要。

全球化媒体最具代表性的是卫星电视，卫星是能够跨越国界跨越地区的，而有线电视和开路电视毕竟都是地域性的、地区性的，卫星电视是真正属于全球的。现在没有做成，是因为没有形成市场，再过一段时间，市场形成了，形成产业，大家就更有积极性去做这些。媒体要从实际出发，解决困惑的方法很多，其中之一就是区域性的国家联合起来。市场化的问题是我们要解决的问题，现在韩国年轻人身上的这些现象，我想在中国也有类似。

龙：除学者的身份之外，您还是20世纪韩国的第一代电视工作者，又于2001年初担任了韩国数字卫星放送公司的总经理、首席执行官，被誉为"跨世纪的韩国电视事业见证人"，您认为韩国传播学界与业界、媒介的关系怎样？在韩国，新闻传播理论真正引导了实践的发展吗？

康：在现实中的韩国，实务和理论是产业论和理念论。现实，就是媒介产业界的现实，国际关系上的现实也是这个现实。理论，是从批判的视角对过去的审视和总结的理论，而产业在飞速发展，目前在韩国这两者之间是有距离、有矛盾的。产业是要讲市场、讲生存、讲新自由主义的，理论更多关注国内问题，而产业是面向全球的，它要考虑全球市场。我个人的看法是，要把眼光放到国际上去，不要太过强调国内的问题。可能许进[①]老师跟我的观点不同。

龙：近些年新闻传播教育在亚洲的一些国家发展势头很好。中国在

---

① 访谈中提到的许进老师系韩国国立昌原大学言论情报学科教授。许进教授参与了5月22日的访谈并就部分内容发表了意见。特此说明。

1990年代初期时相关的院系、专业不到60个，而2003年9月这个数字已经达到360多个。据我所知，韩国目前约有相关学系90多个，其中大部分(约70%)是在1993年之后出现的。这种现象可以说是社会信息化的进程使然，那么，在韩国，它有什么特殊的背景与成因吗？各大学的相关科系在培养目标上有没有明确的定位或特色？

康：1980年代前，整个市场都是这样的，很难听到消费者的主张，1980年代中期以后，韩国社会的民主气氛和民主意识增强，市民的主张越来越多，学生的主张也多，学校里老师的卖方市场时代已经过去了。学生会提出自己想要什么，想选择什么职业。1988年奥运会以后的学生比较自我、务实，很现实。我们开始反省，虽然研究生是要做研究的，但本科生毕业就要找工作，我们的课程对就业有没有帮助。1980年代后，韩国的出生率降低，人口开始减少，学校仍然多，竞争加剧，我们的教育应对学生的就业有帮助，而且地方大学毕业的学生找工作很难。因此，这个时期建立的系，就更关注提供实用的专业和实用的课程。

许进：这个问题，国立大学和私立大学分开来看。教育政策放开后，私立大学急剧增加，私立大学设系相对容易。私立大学经营决策层关心的是招徕更多的学生，使学校的知名度提上去，提高收入。所以，私立大学会开设学生喜欢和职业前景较好的专业，随着大众传媒影响力的增大，新闻放送学科成为文科中最热门的系。同时，随着大学的增多，进入大学竞争时代，大学需要做广告、公关和宣传。新闻放送学科的老师熟悉广播电视界，了解宣传策略，在媒介有关系，所以私立大学成立后一般新闻放送学科都在第一批建系之列，足见其热度。1990年代初期和中期是这样的，2000年后情况更困难，学生减少，竞争加剧，学校变得更加实用。社会对大学院的需求减少，因为即使研究生毕业也难以找到工作。逐渐所有的系都有了危机感。提出的解决方案就是，产学合作，即企业与高校合作，比如新闻放送学科就会与媒介合作，让学生去实习，能推出一个学生就是一个学生。学生的就业率对学校的知名度有相当大的影响。由于人口锐减，政府教育政策要实施结构调整，清退一批私立学校，一些国立大学合并。今后四五年要进行教育结构调整，结果如何还有待观察。

龙：关于全球化、本土化及其关系，以及传播学如何建构自己的理论并与国际接轨等问题，早在1970年代就进入了您的视野，比如您曾就建立世界新闻传播新秩序发表论文。现在30多年过去了，相关的问题和讨论依然在继续，您如何评价它的现实意义？

康：传播学（言论学）理论的导入期从1960年代末开始，延续到1970年代，传统的研究新闻业务的新闻学向新概念的社会科学性质的传播学的转变，这种传播学理论在引进阶段，确实大家都觉得很新鲜，当时年轻的学者都为这种理论倾倒了。当时正是大众传媒的兴起时期，社会的变化与传媒现象是同步的，那时候，多数是研究传媒在国家和社会发展中应起哪些作用，也就是所谓发展传播学，因为韩国以前没有这种研究，所以可以说是引进理论的时期。这个时期，基本上西方的理论就是压倒性地在起主导作用。这个时候引进的理论以实用为主，当时韩国处在旺盛发展的时期，引进发展传播学这样的理论，实际上是有现实目的的。大众传媒能够为国家发展做些什么？这个时期，虽然探讨如何在韩国的国家发展中使用这些理论，但仍然属于引进期，还不是检验理论的时期。因为系统验证理论的前提是学界需要有相应的能力。1970年代后期到80年代，研究者开始验证西方的理论在韩国是否有可行性。因为当时引进的理论越来越多，分支越来越细，研究人员不断扩充，包括从国外回来的和国内培养的，而且国内的教育体系逐渐完备，学术体系也基本成熟了。

这个时期，韩国的社会背景是很重要的因素。传播学研究的传播现象跟政治有千丝万缕的关联，当时正是朴正熙军事政府时期。一方面，军事政权、专制体制在加强。另一方面，社会在发展，人们越来越意识到社会要民主、自由，要合理的政府，而不是独裁政府。这两者之间的紧张关系为下一个时期的兴起提供了土壤，批判理论开始出现。过去引进的西方理论，尽管用实证的方法去验证它，但这种理论从来不揭示其背后隐藏的社会权力关系、社会结构与权力分配问题，实证的理论与方法不提供解决方法或不倾向于去解答这些问题。而在当时韩国的社会政治生活状况下，有越来越多的学者提出，过去我们引进的理论，在这方面有问题，我们应该去揭示传媒背后深层的社会结构和权力问题。学界就在寻找一种替代理论，这就是欧洲的批判理论，这仍然是从国外引进的理论，从介绍欧洲的理论开始，再一次迎来外国理论的引进时期，这是1980年代初期和中期。第二轮的引进，不是验证的性质，而是立足实现本土化，但是这个本土化的含义，是说立足本土，通过国外的理论，解决本土问题，从韩国的问题意识出发。批判学者最关心的是大众传媒与权力的关系，及其背后的机制，即如何用这种理论来解释韩国的现象、推进韩国的民主化进程。

汉城大学20世纪六七十年代最优秀的学生都去国外留学，但到了1980年代批判理论研究兴起后，最优秀的学生不去美国，反而选择留在韩国。批判理论拓展了传播学的内涵和研究范围，不是比较狭窄地单纯研究传播现象的传播学，而是更广泛意义上的作为社会科学的传播理论，比如政治经济学、法兰克福学派、新马克思主义以及各种修正马克思主义都引进来了。虽然是欧洲理论，但其实是本土化思维，韩国化的包装，扎根在韩国，不仅是传播学，其他所有社会科学领域都有这样的趋势。不再仅仅是在研究室里的研究，而是有助于推进社会变革的能够解决社会问题的传播学研究。这是1988年奥运会前夕的情况。

1987年后，民主化进程加速，东欧剧变，苏联解体，社会主义阵营发生变化。国内外形势发生了大的变化，批判理论失去了赖以生存的根基。又是这样，在一个理论完全扎根之前，另外一种理论又进来了。1992年韩国与中国建交，正在改革开放的中国与当时韩国执政者的想象也不一样，尤其对于过去研究马克思主义和左翼民主运动的人士来说，这是一个很大的冲击。国内，学生运动云涌，社会呼声不断，人们的意识在变，社会发生了重大变化。1987年，文人政府第一次成立，这是大的变化，批判的对象、依据和理想不存在了。冷战后期出现了后现代理论。后现代是淡化意识形态的，而批判理论是强调意识形态，就是说，当批判理论试图扎根、还没扎下去的时候，出现新的变化了。

韩国的传播理论的变化，不是从理论到理论，不是来自理论本身，而是社会政治环境的变化引导了理论的变化。说到引进的理论，主要指美国的理论，1980年代全斗焕政权上台，实行高压政治体制，之前的传播学界基本上是被政治权力所驱使和利用，或两者勾结。而之后的批判学者所持的是对抗的理论、批判的理论，是脱离政治权力的。虽然也是从外国引进的，但不把它当作外国理论。尽管批判理论是从欧洲引进来的，但韩国学界基本上的认识是不倾向于认为它是外国的理论。在韩国，一直以来都存在反美情绪，有这样一个社会氛围做依托，对外国理论的批判，就成为对美国理论的批判，对微观的、只考察效果的实证研究的批判。

批判理论登场，古典马克思政治经济学理论复苏，从政治经济学角度研究的传播理论在年轻人中广受欢迎。当然大学不能讲这些，年轻人、学生自己组织学习，学习古典政治经济学，学习批判理论，组织研讨会，当这些年轻人成长起来并进入学界后，原来潜在流通的思想开始浮出水面，形成自己的力量，学界的权力结构也发生变化，这个现象也反映在课程设置里，批判理论开始出现在大学课程里。

批判理论被介绍进来以后，开始关注文化，关注传媒与文化的关系，关注统治阶级如何通过文化、传媒、意识形态实现自己的统治。1980 年代中期以后，文化成为传播学研究很重要的一个概念，理论上主要吸收了英国的文化理论。文化研究方法论引进的是符号学，符号学既是方法论同时也是一种理论。文化研究的理论和方法是从欧洲引进的，但韩国的学者一般不认为这是引进的，因为拿过来是从本土问题意识出发的，是对我们自身权力结构的解读和批判。尽管理智上讲，这个理论也是从国外引进的，但是在人们的认识上，说到引进的外国理论就是指美国理论。

1980 年代过去了，批判研究的对象、对抗的对象消失了，依托于社会主义体制的马克思主义弱化，其正当性受到质疑，陷入尴尬（dilemma）境地，不知道该往何处去。于是韩国自然地引进了当时在世界各国风靡的后现代理论。批判理论讲的文化，是政治支配，是统治阶层支配国民的手段，是从意识形态角度研究文化。而后现代理论所讲的文化是中立的，没有过多的意识形态。这个时期，中性的大众文化理论传入韩国。

1980 年代末，起源于英、法的批判理论在美国本土也占据了重要位置，美国也开始批判它过去过于实证化、微观化的传播理论。在韩国，一方面，去欧洲学习的文化学者陆续回国，与在韩国国内从事批判研究和文化研究的学者汇流，当时他们积累的批判研究理论功底和研究实力应该说是世界水平的，已经达到了相当的程度。可以说，本土化、韩国化已经完成，已经能够自己生产这种理论了。但是，其理论的有用性（效用性）遭到质疑，因为时代环境变了，它批判的对象消失了，那么这个理论是干什么用的呢？

这个过程当中，研究重心很自然地从过去的经典的文化理论转到了后现代理论，这是理论界的一个转变。同时，社会生活也发生了变化，其重要表现是新技术、新媒体的发展突飞猛进，变化的速度超过以往任何一个时代，电信、卫星、有线的发展以及这些行业的融合趋势，对传媒研究的发展产生了重要影响。1980 年代中期之前，传播学研究的很重要的议题是意识形态、统治、权力结构，国际上表现为国际新信息秩序。过去的研究主题在发生变化，电信及信息技术、信息理论，跟过去的理论架构不同，不太强调政治的东西。冷战结束后，美国开始行使非武力的统治，修建信息高速公路、通信基础设施等，用市场的逻辑来支配他国和行使霸权。这个时候，政策研究重新抬头。在这个大背景下，虽然批判和文化研究在韩国已经建立了本国的理论，已经实现学术理论的自我生产，但其适用的环境已经变了。对信息和通信的研究成为大的方向和趋势。除此之外，就是在后现代理论的大框架下，研究文化现象和传媒现象。在很混乱和多元的情形下，自然过渡到了 1990 年代。

（采访者龙耘系中国传媒大学广播电视研究中心副主任、副教授，

2003年8月—2004年8月受韩国高等教育财团国际学者交流项目资助，在高丽大学任客座教授；翻译者文春英系中国传媒大学广告学院副教授、汉城大学传播系在读博士生。）

（原载于《现代传播》2006年第2期）

参考文献

著作:

郭镇之. 跨文化交流与研究:韩国的文化与传播[M]. 北京:北京广播学院出版社,2004.

霍金斯.创意经济:如何点石成金[M].上海:三联书店,2006.

北京大学韩国学研究中心.韩国学论文集:第十六辑[M]. 沈阳:辽宁民族出版社,2007.

姜锡一,赵五星.韩国文化产业[M].北京:外语教学与研究出版社,2009.

国家新闻出版广电总局发展研究中心.中国视听新媒体发展报告(2013)[M].北京:社会科学文献出版社,2013.

胡正荣,李继东,唐晓芬.全球传媒发展报告(2013)[M].北京:社会科学文献出版社,2013.

刘洁.主导·协作·博弈:当代媒介产业与政府关系[M].武汉:华中科技大学出版社,2006.

郎劲松,邓文卿,侯月娟.社会变迁与传媒体制重构:亚洲部分国家和地区传媒制度研究[M].北京:中国传媒大学出版社,2010.

郎劲松. 韩国传媒体制创新[M].广州:南方日报出版社,2006.

刘华蓉.大众传媒与政治[M].北京:北京大学出版社,2006.

复旦大学韩国研究中心.韩国研究论丛:第三十辑[M].北京:社会科学文献出版社,2015.

梅明丽.传媒制度分析和战略重构[M].上海:上海人民出版社,2011.

郭镇之.跨文化交流与研究:韩国的文化与传播[M].北京:北京广播学院出版社,2004.

泰普斯科特,威廉姆斯.维基经济学:大规模协作如何改变一切[M].何帆,等译.北京:中国青年出版社,2012.

王丛.韩娱经济学[M].北京:中信出版社,2015.

肖叶飞.广播电视规制研究[M].芜湖:安徽师范大学出版社,2013.

喻国明.传媒经济学教程[M].北京:中国人民大学出版社,2009.

新闻自由委员会.一个自由而负责的新闻界[M].展江,王征,王涛,译.北京:中国人民大学出版社,2004.

赵鼎新.国家、战争与历史发展:前现代中西模式比较[M].杭州:浙江大学出版社,2015.

卡伦,朴明珍.去西方化媒介研究[M].北京:清华大学出版社,2011.

赵永升,许莲花.韩国大众文化与文化产业[M].广州:世界图书出版广东有限公司,2020.

论文:

陈云萍.韩剧产业成功原因分析[J].青年记者,2017(5):109-110.

高红玲.西方媒介企业集团状况及我国媒介企业集团的发展道路[J].国际关系学院学报,2000(3):37.

官建文,王莉.韩国 IT 产业报道之一:走近韩国"数字化生活"[J].中国信息界,2003(14):27.

郭镇之，林洲英.韩国大众传媒近三年来的变革[J].新闻战线，2003(4)：78-80

洪文军.韩国网络新媒体运维及监管的经验做法[J].军事记者，2016(9)：58-59.

胡广翔.韩国信息化发展概要[J] 当代韩国，1999(1)：63-68.

姜洪民.韩国文化产业特色[J].企业改革与管理，2010(1)：65.

栾静均.韩国网络监管对中国网络监管的启迪意义[J]. 今传媒，2015(1)：29-30.

郎劲松，李磊.卢武铉政府与传媒关系的调整和重构：透视近年来韩国的"舆论改革"[J]. 现代传播，2005(4)：50-53.

李世军，吴娴. 韩国文化的崛起及其对我国的启示[J].学术界，2005(4)：245-252.

刘成高，姜森.政府规制改革与我国传媒产业发展研究[J].新闻界，2011(9)：82-85.

刘文，张丹.中韩游戏产业发展比较研究[J].贵州社会科学，2015(4)：112-120.

毛文娟、华欣.韩国信息技术标准战略及对中国的启示[J]，世界标准化与质量管理，2005(5)：15-18.

穆宝江.韩国文化产业发展特点评析[J].经济视角(下)，2012(1)：52-53，55.

牛光夏.参与式新闻浅析[J].青年记者，2006(22)：68-69.

潘忠党.新闻改革与新闻体制的改造[J].新闻与传播研究，1997(3)：62-80.

沈四宝，赵静晨.韩国媒体仲裁制度及其对我国的启示[J].东方法学，2013(1)：135-142.

王瑞琪.媒体监管与言论仲裁的韩国经验[J].中国经济信息，2016(11)：78-79.

万林艳.公共文化及其在当代中国的发展[J].中国人民大学学报，2006(1)：98-103.

向勇，权基永.韩国文化产业立国战略研究[J].华中师范大学学报(人文社会科学版)，2013，52(4)：107-112.

熊忠辉. 中韩电视剧产业的差异[J].视听界，2014(3)：18-22.

谢韡.韩国促进文化产业投资的政策[J].文化学刊,2015(6):78-81.

徐玉兰.媒体与权力的博弈：从朴槿惠弹劾案报道看韩国媒体生态现状[J].新闻记者,2017(6):46-53.

郑保勤.韩国新闻工作者职业道德准则[J].国际新闻界,1998(1):37-42.

张涛甫.试论韩国媒体与政治的关系[J].杭州师范大学学报(社会科学版),2009,31(4):55-62.

张振华.公民社会兴起的政治意蕴:以韩国为样本[J].经济社会体制比较,2013(3):138-150

赵丽芳,柴葆青.韩国文化产业爆炸式增长背后的产业振兴政策[J].新闻界,2006(3):91-93.

赵昭.韩国媒体仲裁制度的借鉴意义[J].人民论坛,2014(35):250-252.

李建柱.论韩国文化产业振兴背后的政府举措及其对中国培植新经济增长点的启示[C]//文化发展研究 2014 年第 1 辑,2013:163-172.

穆宝江.韩国文化产业发展与中韩文化产业合作[D]. 长春:吉林大学,2012.

蒋红.中国当前媒介环境和电视节目策划制作的问题[D].重庆:西南政法大学, 2008.

刘盈. 韩国文化产业政策对韩剧产业发展的影响[D].重庆:重庆大学,2015.

袁靖华.我国媒介企业愿景战略研究[D]. 杭州:浙江大学,2003.

张焱. 韩国游戏产业政策探析[D].上海:上海大学,2013.

张小波. 当前我国媒介环境下新闻专业主义研究[D].南京:南京师范大学, 2012.

郑玉莹. 媒介失范问题及对策研究[D].成都:四川省社会科学院,2013.

安熙贞.韩国电信将推开放 IPTV 平台[N].人民邮电,2010-02-09(5).

杨明. 各国抢占创新制高点[N]. 经济日报,2016-03-28(8).

昝春燕.韩流竞争力：一个文化出口大国的政策样本[N].21 世纪经济报道,2010-07-12(16)

钟华. 韩国:数十部法律保护用户权益[N]. 光明日报，2012-12-27(8).

李拯宇，干玉兰. 综述:韩国政府注资振兴流行音乐产业[EB/OL].(2009-02-09)[2022-05-16].http://news.sohu.com/20090209/n262118377.shtml.

文化部文化产业司赴韩国考察调研组.韩国组建文化产业振兴院的战略考量[EB/OL].(2018-01-23)[2022-03-16].http://cpc.people.com.cn/big5/n/2014/0714/c68742-25278973.html.

外文资料:

CHOI HONG-GYU, KIM SUNG-TAE. A study on task overlap of ICT policy related to informatization: focusing on comparison of government departments' policy instruments and goals before the new government in 2013[J]. Journal of broadcasting and telecommunications research, 2013(4): 159-190.

최홍규, 김성태. 정보화관련 ICT 정책영역중복에관한연구 [J] . 방송통신연구, 2013:159-190.

CHOI YOUNG-HWA. The Korean wave policy as a corporate-state project of lee government: the analysis of structures and strategies based on the strategic relational approach [J]. Economy and society,2013 (97) : 252-285.

최영화. 이명박 정부의 기업국가 프로젝트로서 한류정책 [J] . 경제와사회, 2013 (97) :252-285.

HUE MAN-SUP. A study on the possibilities of overprotection caused by ' right of reply for governmentaloffices' in press arbitration system[J]. Korean journal of journalism & communication studies,2010, 54(6): 315-343.

허만섭. 언론중재제도의 ' 국가기관 반론권' 과보호 가능성에 관한 연구

[J]．한국언론학보，2010,54(6)：315-343.

JEONG CHEOL HYUN，YOUNG IL PARK，KIM JONG EOP. A comparative study on effects of policy instrument in cultural industry：focus on export promotion policy[J]. Journal of social science，2012，51(2)：1-39.

JEONG HEON-IL. Analysis of incentive and regulatory systems of basic law for cultural industry promotion[J]. Journal of cultural policy，2007(18):125-144.

정헌일. 문화산업진흥기본법의 유인 및 규제체계 분석 [J]．문화정책논총，2007(18):125-144.

KIM GWANG JAE. A study on positioning of digital media[J]. Journal of cyber communication academic society，2009，26(2)：39-84.

김광재.디지털미디어의포지셔닝에관한연구 [J]．사이버커뮤니케이션학보，2009，26(2):39-84.

KIM K-H. A study on the formation and changes of the cultural industry policies [J]. Journal of culture contents，2012(2):31-68.

김기현. 문화산업정책의변동에관한소고 [J]．문화콘텐츠연구，2012 (2)：31-68.

KIM PYUNG-SOO. Evaluating MB administration's cultural policy and GH administration's policy challenges[J]. International journal of global culture，2013 (2):19-33.

김평수. MB 정부의 문화정책 평가와 박근혜 정부의 정책 과제 [J]．글로컬 창의 문화연구, 2013(2): 19-33.

KIM YUNGWOOK, LIM YUJIN. A study on press arbitration system in south korea: focusing on its functions of conflict resolution and reinforcing the role of mediation[J]. Korean journal of journalism & communication studies, 2010, 54(1): 192-204.

김영욱, 임유진. 언론-소스 간 갈등 해소와 ' 조정' 기능 강화 장치로서 언론중재제도 연구 [J] . 한국언론학보, 2010, 54(1):192-204.

KONG Y. Cultural policies of cultural industries in the multimedia age [J]. Journal of cultural policy, 1994(6): 253-277.

공용배. 멀티미디어시대의문화산업의문화정책 [J] .문화정책논총, 1994(6): 253-277.

PARK J. Directions and assignments for the promotion of the cultural contents industries in Korea [J]. Gyeonggi research institute (GRI) review, 2005,7(2):9-21.

박조원. 한국문화콘텐츠산업육성의방향과과제 [J] . 경기논단, 2005, 7(2): 9-21.

PARK K-K. The policy direction of promoting cultural industry in Korea: focusing on the role of the ministry of culture, sports, and tourism[J]. Journal of Korea culture industry, 2008, 8(1):67-81.

박광국. 한국문화산업의정책방향 [J] . 문화산업연구, 2008, 8(1):67-81.

WON DO-YEON. Characteristics of Lee Myung-bak administration' s cultural policy and search for the timely change [J]. Humanities contents,2014(32):219-245.

원도연. 이명박 정부 이후 문화정책의 변화와 문화민주주의에 대한 연구[J]. 인문콘텐츠,2014(32):219-245.

YIM H. The development of cultural policy studies in Korea: 1998－2007 [J]. Journal of cultural policy,2009(21):25-48.

后 记

2003—2004 年，受韩国国际学术交流支援项目（ISEF）资助，我曾在韩国高丽大学言论学部访学一年。作为对那段岁月的回馈，回国后这些年间，我先后完成了“韩剧的中国受众研究”等相关课题，更是连续多年为社科文献出版社“皮书系列”中的《新媒体前沿》《全球传媒产业蓝皮书》等撰写有关韩国传媒产业、社交媒体与新韩流、韩国受众福利等方面的年度报告。与我合作的两位专稿撰写人，也就是本书的另两位作者：山西大学新闻学院的赵春光博士和韩国学者李承恩博士。所有这些，都为韩国传媒的系统研究与跟进积累了前期成果。

本书起源于亚洲传媒研究中心的“亚洲媒体国别项目”。正如该项目主旨所言，我们不满足于一般意义上的“概述”，而是在描述性研究的基础上，力图对以韩国为代表的亚洲传播范式进行理论探究和深入思考。

20 世纪 90 年代中期，面对东南亚经济危机的影响，韩国将文化产业作为其“文化立国”的基点。历经二十多年的起起伏伏，文化产业化的模式渐成气候。以“韩流”为标志的韩国文化涌向全球，内容涵盖了影视剧、流行音乐、舞蹈乃至视频游戏、食物、旅游业和语言等方方面面，从“韩流”到“新韩流”呈现出绵延不绝之势。与此相应，从文化接近性、全球化、区域化等视角展开的研究蔚为大观，这些研究主要分析“韩流”对本国社会及世界文化的影响，将其看作东方文化进入西方主流世界的某种标志。而本书的视角，则更多从传媒业入手，考察影响波及全球的韩国文化产业背后究竟有着怎样的助动与推力？

鉴于亚洲国家相似的社会和历史文化背景，产业的发展往往依托于政府在经济和政治上的扶持，韩国也不例外。正是循着这一路径，我们着重考察了韩国政府如何在文化产业发展中搭建融通桥梁，使得东方文化能够在西方主导的全球文化中占有一席之地并持续发声；借助汹涌蔓延数十年的“韩流”，韩国政府又是如何乘势而上，运用其所衍生的政治、经济价值，在国家外交、社会治理中发挥独到的传播力和影响力的？

基于上述思考，本书围绕韩国大众传媒在文化环境和媒介生态建设、媒介资源开发与开放、媒介及文化产业的扶持、媒介市场的公平竞争和媒介产品的推广服务等诸多方面，展现韩国媒体、文化产业及政府的现状与互动关系。以此为框架，本书建构了韩国大众媒体近年来发展的基本样貌，较为系统地考察了韩国政府在其中扮演的角色和发挥的影响。

全书总共由五大章构成，分别从韩国大众传媒概况、媒介市场运行、创意经济、数字产业、媒介环境以及政府角色等不同视角、维度阐述了韩国媒介产业的现状与趋势，力图勾勒出其新范式、新特征。书中附录部分还列出了笔者在韩国访学期间的两篇学术访谈。虽已过去多年，但其中的一些内容依然富有价值，或可作为本书观点、材料的某种补充和参考。

由于种种原因，这本书从构思到出版前前后后竟用了五六年的时间，期间有两三届的研究生先后参与了资料收集、部分内容的初稿写作及后期的文字修订、数据更新等工作。他们是：中国传媒大学传播研究院2015级硕士生白雪儿、梁欢池、陈彦彦；2016级硕士生杨双双；2017级硕士生白露；2015级博士生叶珲；2017级博士生王弘扬、潘晓婷；在读博士生吕山、王雪倩。在此一并致谢！

我也想借此机会感谢那些与本书出版相关的人：感谢韩国高等教育财团的首任总长金在烈先生，作为资深学者和社会活动家，金在烈总长以自己的人文理念和学术关怀，将财团建成了不同文化、学科与智慧的交融之所，建成了亚洲各国学者共同的福地；感谢中国传媒大学的名誉校长刘继南教授——正是她的胸怀和人格魅力，促成了KFAS在我校设立国内唯一一个聚焦亚洲传媒的研究机构：亚洲传媒研究中心（其余几所分别设在北大、复旦等高校，均为“亚洲研究中心”）。我还要感谢外国语言文化学院院长文春英教授（当时的她正在首尔大学攻读传播学博士学位。我在韩期间学术访谈和演讲的一系列翻译工作都有赖文老师出色的韩语和专业沟通能力。）最后要感谢出版社责任编辑张蕊女士的辛勤付出，正是她的不断跟进和耐心等待，最终促成了这部书稿的问世。

从初稿写作到正式出版，虽然多次修订、更新框架、资料，但还是有部分数据略显过时且不够全面。书中谬误、不足之处，望广大读者不吝赐教并多多海涵。

龙 耘

2021年12月于北京定福庄

图书在版编目(CIP)数据

韩国大众传媒研究:政府主导型媒介产业发展的新范式/龙耘,赵春光,(韩)李承恩著.--北京:中国传媒大学出版社,2022.7
(亚洲国家与地区传媒研究丛书)
ISBN 978-7-5657-3182-2

Ⅰ.①韩… Ⅱ.①龙… ②赵… ③李… Ⅲ.①大众传播—传播媒介—研究—韩国—现代 Ⅳ.①G206.3

中国版本图书馆 CIP 数据核字(2022)第 046707 号

韩国大众传媒研究:政府主导型媒介产业发展的新范式

HANGUO DAZHONG CHUANMEI YANJIU:ZHENGFU ZHUDAOXING MEIJIE CHANYE FAZHAN DE XINFANSHI

著　　者　龙　耘　赵春光　〔韩〕李承恩
策划编辑　王雁来
责任编辑　张　蕊
封面设计　郭　琳
责任印制　李志鹏

出版发行　中国传媒大学出版社
社　　址　北京市朝阳区定福庄东街 1 号　　**邮　　编**　100024
电　　话　86-10-65450528　65450532　　**传　　真**　65779405
网　　址　http://cucp. cuc. edu. cn
经　　销　全国新华书店

印　　刷　唐山玺诚印务有限公司
开　　本　730mm×988mm　1/16
印　　张　12.75
字　　数　152 千字
版　　次　2022 年 7 月第 1 版
印　　次　2022 年 7 月第 1 次印刷

书　　号　ISBN 978-7-5657-3182-2/G·3182　　**定　　价**　59.80 元

本社法律顾问:北京嘉润律师事务所　郭建平